霍去病

嗨！有趣的故事

胡輝

Hi! Story

中華教育

【出版說明】

在文字出現以前，知識的傳遞方式主要就是語言，靠口耳相傳的方式記錄歷史與情感表達。人類的生活經歷、生命情感也依靠著「說故事」來「記錄」。是即人們口中常說的「傳說時代」。然而文字的出現讓「故事」不僅能夠分享，還能記錄，還能更好、更廣泛地保留、積累和傳承。

《史記》「紀傳體」這個體裁的出現，讓「信史」有了依託，讓「故事」有了新的準則：文詞精鍊，詞彙豐富，語言精切淺白；豐富的思想內容，不虛美、不隱惡。選擇人物一生中最有典型意義的事件，來突出人物的性格特徵，以對事件的細節描寫烘托人物的情感表現，用符合人物身份的語言，表現人物的神情態度、愛好取捨。生動、雋永而又情味盎然。

「故事」中的人物和事件，從來就是人類的「熱門話題」。她是茶餘飯後的趣味談資，是小說家的鮮活素材，是政治學、人類學、社會學等取之無盡、用之不竭的研究依據和事實佐證。

中國歷史上下五千年，人物眾多，事件繁複，神話傳說與歷史事實並存，正史與野史交錯互映，頭緒繁多，內容龐雜，可謂浩如煙海、精彩紛呈，展現了中華文化的源遠流長與博大精深。讓「故事」的題材取之不盡，用之不竭。而其深厚的文化底蘊如何呈現，怎樣傳承，使之重光，無疑成為《嗨！有趣的故事》出版的緣起與意趣。

《嗨！有趣的故事》秉持典籍史料所承載的歷史精神，力圖反映歷史的精彩與真實。深入淺出的文字使「故事」更為生動，更為循循善誘、發人深思。

《嗨！有趣的故事》以蘊含了或高亢激昂或哀婉悲痛的歷史現場，以對古往今來無數先賢英烈的思想、事蹟和他們事業成就的鮮活呈現，於協助讀者不斷豐富歷史視域和深度思考的同時，不斷獲得人生啟迪和現實思考，並從中汲取力量，豐富精神世界，在實現自我人生價值和彰顯時代精神的大道上，毅勇精進，不斷提升。

【導讀】

霍去病是河東平陽（今山西臨汾）人，其父是河東縣小吏霍仲孺，據傳與平陽府女奴衛少兒私通而有孕，霍去病遂有「私生子」之說。衛少兒是漢武帝皇后衛子夫的妹妹，霍去病為大將軍衛青的外甥，這層複雜的裙帶關係顯然幫助了霍去病的仕途，但他的功業卻是自己在馬背上建立的。

生活在北方草原的匈奴一直是秦漢帝國的心腹大患，長城也未能阻止匈奴騎兵屢屢南犯。雄才大略的漢武帝一改築城為守的被動態勢，開始舉兵北攻。元狩元年（前一一二年），年僅十八歲的霍去病隨軍出征匈奴，自帶八百驍騎深入漠北數百里奔襲敵後，大勝而歸。之前對匈奴的恐懼一直彌漫漢宮朝野，此舉振奮人心，霍去病被漢武帝破例封為「冠軍侯」。霍去病自此展露鋒芒，對匈奴用兵屢戰屢勝，創造了六天橫掃匈奴五部的驚人戰績。尤其是漠北決戰，殲滅匈奴七萬多精銳，以「封狼居胥」之舉，為漢朝北疆的和平與穩定立下不朽功績。

霍去病用兵極為大膽，他創立了以少量精兵在快速奔襲的戰術，屢挫強敵，為後世兵家奉為經典。他在戰場上身先士卒，冒刃摧鋒，贏得了士兵們愛戴。更可貴的是漢武帝為其修築府邸以示嘉獎，霍去病卻表示「匈奴未滅，無以家為」，顯示出一代名將闊大的情懷。

元狩六年（前一一七年），霍去病染疾去世，這位歷史上不世出的戰爭天才，年僅二十三歲。

霍去病像天際一顆倏忽而過的流星，短暫卻耀眼。

目錄

出版說明 002
導讀 004
上林行獵 008
馬邑之圍 018
衛青崛起 024
身世之謎 030
幼鷹展翅 039
年歲之約 049
獲勝封侯 059

馬踏焉支 068
祁連悲歌 080
黃河受降 090
封狼居胥 100
李敢之死 110
天妒英才 121
霍去病生平簡表 128

上林行獵

一

西漢武帝元朔六年（前一二三年）初春的一日。長安郊外，方圓三百餘里的皇家園林上林苑內，山巒起伏，林木參差。遠處的草地百花齊放，令人賞心悅目，盎然春意撲面而來。

苑內，一隊人馬正馳騁奔騰。

當中最顯眼的那位乃時年三十三歲的當朝皇帝劉徹，緊隨其後的青驄馬上，端坐著一白衣少年，他就是武帝寵愛的侍臣霍去病，正值十七歲的錦繡年華。二人身後跟隨著幾十個宮廷侍從。他們擎蓋舞旗，奮力揮鞭，朝獵場奔去。

漢武帝一邊鞭馬，一邊不時回頭看霍去病。只見他雙眉緊鎖，似是心事重重。武帝嘴角露出一絲不經意的笑意，然後高聲催馬，胯下的白龍駒飛馳而去。

霍去病看見皇帝加速，也不由趕緊揮鞭策馬趕上去。

當朝皇帝行獵，苑內守衛暫且退避，不能讓飛禽野獸被不慎驚走，壞了皇上興致。

一行人揚鞭策馬，不多時到了獵場深處。

眼前是一片起伏的山丘，山丘背後，便是終南山西麓。遠遠看去，群峰都被春日塗抹上一層恍若酡紅的煙嵐。

武帝勒住馬，轉頭對跟上來的霍去病說道：「去病，今日陪朕狩獵，怎麼像是提不起精神？」

霍去病立刻拱手回道：「臣不敢。」

武帝凝視著霍去病，說道：「朕知你心意。長平侯出征之日，朕已說得清清楚楚，待你年滿十八歲，朕自會允你隨軍殺敵。」

霍去病皺眉歎息，抬頭看向遠方山丘，說道：「臣恨不得早生一年，此刻便已隨舅舅的大軍北上了。」

武帝微微一笑，說道：「匈奴士兵有三十萬之多，覬覦朕的江山也非一朝一夕，你還怕沒有機會北擊匈奴嗎？」

霍去病再次拱手說道：「臣明白。」

武帝遠望山巒，不覺間眉頭微皺，說道：「長平侯率軍北征，已然三日，你可知朕為何要來狩獵？」

霍去病微微一愣，回答說：「臣愚鈍，請陛下明言。」

武帝抬頭看碧空如洗，又凝目如黛遠山，說道：「長平侯首次北征，乃元光六年（前一二九年），一役襲匈奴龍城，洗刷高祖白登之恥，天下震動；二次出征，乃元朔元年（前一二八年），出雁門斬敵數千；第三次出征，是元朔二年（前一二七年），收復河朔，為本朝開疆拓土，立下汗馬功勞。此次已是長平侯第四次率軍北上了，他這次的對手，是兵強馬壯的匈奴右賢王。」

霍去病聽到這裡，拱手說道：「這些臣已知曉。」

「知曉？」武帝嘴角浮起一絲微笑，說道：「你是只知其一，不知其二。」

霍去病不覺被吸引，說道：「還請陛下明示。」

武帝緩緩說道：「長平侯收復河朔之後，朕徙民十萬，設河朔郡。當日左內史公孫弘便上奏反對，說設郡之舉，與當年蒙恬築城北河無異，除了勞民傷財，起不了什麼作用。」

霍去病很詫異地問：「陛下是天子，他如何敢反對？」

武帝道：「朕雖是天子，也需有直言之臣，不然這天下如何安定？若長平侯此次獲勝，自是穩固北方；若是失敗，遷徙過去的十萬子民生靈塗炭，朝廷將失去民心。」但他旋即又說：「可朕的長平侯又豈是蒙恬之輩可比的？真乃笑話！」

霍去病眼睛忽然亮了起來，說道：「臣明白了，陛下出來狩獵，就是為了避開朝中異議。」

武帝看了霍去病一眼，沒有接他的話，而是說：「朕聞得終南山近來有虎，今日狩獵你可得小心了。」

霍去病不以為意：「臣若懼虎，如何還敢北擊匈奴？」

武帝哈哈大笑，說道：「那今日你與朕比比，看誰的獵物更多！」說罷，武帝一提轡繩，胯下白龍駒頓時撒開四蹄。

霍去病終究是年少，武帝之言，使他不覺忘記了自己的煩心事。見皇帝英姿勃發，他不由胸口發熱，豪氣陡升，揮鞭抽向馬臀，緊緊跟上。

跟隨狩獵的一眾侍從盡知皇上寵愛霍去病，此刻聽他們的對話，感到皇上對霍去病是少見的推心置腹，霍去病也無絲毫討好諂媚之態。眾人見皇上和霍去病策馬奔馳，紛紛催馬跟上。

二

皇上的白龍駒實在太快，不多一會兒，就看到終南山麓了。

霍去病也快馬加鞭，想趕上皇上。

突然間，武帝胯下的白龍駒長嘶一聲，前蹄高高抬起。武帝臨變不驚，雙手緊扣轡繩，想控制住馬匹。抬眼一看，前面居然有一隻斑斕猛虎，白龍駒驚得尖聲長嘶。武帝素來喜獵，卻從未如此近距離遭遇老虎，當下來不及多想，迅速拔出腰間寶劍，想去刺虎。不料白龍駒受驚不小，四蹄亂蹬。

老虎鋸牙鉤爪，朝武帝直撲過來。

就在此時，霍去病快馬已至。見皇上危險，他閃電般彎弓搭箭，朝老虎射去。其他侍從不敢這麼做，畢竟皇上在前，萬一不小心射中皇上，那便是弒君之罪了。霍去病十分冷靜，箭法精湛，流星般飛去的箭矢從老虎揚起的左爪直接穿過。

老虎劇痛，狂吼數聲。武帝已趁這間不容髮的緊急關頭，趕緊往回奔去。

霍去病又搭上第二箭，再次引弓射去。

這一箭，將老虎的右耳射穿。

老虎聲吼如雷，縱身向霍去病撲來。

霍去病此時已跳下馬鞍，長劍出鞘，大步朝老虎迎去。

隨即趕來的侍從趕緊組成人牆將武帝圍住。

武帝臨陣不亂，他喝道：「快去助戰霍去病！」

霍去病已奔到虎前，頭也不回，大喊一聲：「誰也不要上來！看我斃掉這隻大蟲！」

武帝心中一動，吩咐道：「大家備好弓箭，看霍去病斃虎！」

那些侍從便紛紛張弓搭箭，但只是瞄準，暫不射出。

那老虎似乎也感覺到霍去病身上的殺氣，前爪按地，低聲沉吼。

霍去病雙腳站穩，手中劍指向老虎，全神貫注地凝視。

老虎身上兩處受傷，疼痛難忍。牠狂吼一聲，身子縱起，朝霍去病撲去。

旁觀眾人不禁驚呼，心都吊到了嗓子眼。

霍去病見老虎撲來，他迅速朝老虎騰躍的身體下滾去，手中劍朝上一刺，劍尖從虎喉筆直穿過虎額。老虎撲通一聲，將霍去病壓在身下。

侍從中有人叫聲「不好」，搶步上前。

還未走到近旁，霍去病已昂然站直身形，拔下的劍刃上鮮血淋漓。他威風凜凜，大踏步朝眾人走來。

大家一陣狂呼。武帝在旁，微微點頭，臉上浮起一絲微笑。

霍去病走到武帝身前，單膝一跪，說道：「讓陛下受驚是臣下之過。」

武帝哈哈大笑，說道：「去病果然身手不凡！快快平身。」

霍去病仍是單膝跪地，把劍放到地上，雙手抱拳，懇求道：「陛下！臣都能獨斃猛虎，還不能北征匈奴嗎？」

武帝臉上的笑容驀然一收，說道：「霍去病，你可知匈奴人能獨自斃猛虎的有多少？你未到出征年齡，朕絕不會允你北上！」

二

被老虎驚嚇之後，武帝意興闌珊，下令即刻返回皇宮。

侍從們見霍去病獨自斃猛虎，俱是心下佩服，但見皇上臉色不悅，也不敢多提。霍去病沉默不語，走在最後。他不能理解，皇上為何就是不允許自己隨舅舅衛青出征。

不錯，自己是年齡小點，但十七歲也已經不是小孩子了。多年來的刻苦磨礪，不就是為了能躍馬疆場嗎？

是的，皇上答應過他，等明年他十八歲時，便可隨軍北上。這也是舅舅幾年前答應過的。他知道，不論天子還是舅舅，都不會忘記承諾的事，但他剛才已經證明了自己的勇武，皇上怎麼還是堅持不允？

非得再等一年嗎？

一年太漫長了。

他望著廣闊無邊的上林苑，忍不住想起舅舅。數年間，舅舅已完成了大漢立朝以來對抗匈奴的最輝煌戰績。他永遠不會忘記，他親耳聽到舅舅說：「開疆拓土，沙場殺敵，乃至戰死沙場，不才是我大漢的錚錚男兒嗎！」

霍去病忘不了自己聽到這些話時心中的激動。

這樣的時刻，可以讓他忘記自己內心深深的孤獨。

自從他知道自己的身世，就一直被孤獨包圍著。他不知道該對誰傾訴。

霍去病在馬隊後面跟著，往事一幕幕湧上心頭。

馬邑之圍

一

霍去病對於自己小時候最早的記憶，是在一所很氣派的房子裡。

母親是衛少兒，父親叫陳掌。

父母對他都極為寵愛，但父親很少在家，母親也經常出府。平時陪伴他的都是家裡的僕人。

等到七八歲的時候，他開始明白了一些事情。

他很少看見父親，因為父親是朝廷官員，職位是「詹事」。因為這個職位，父親不得不在宮中忙碌；也因為這個職位，父親不得不經常在外接受同僚宴請。

母親經常前往宮中，去陪伴姨母。霍去病偶爾也陪母親入宮。姨母真漂亮啊，有很多人伺候她。姨母住的房子大得嚇人。姨母無論走到哪裡，都會有宮人向她彎腰行禮。

姨母對自己特別好，有時還教他彈琴。

他慢慢知道，姨母是皇帝的妻子。他很好奇皇帝是什麼樣子。不過，他進宮看姨母的次數不多，所以，始終沒見過皇帝。

他從不知道，在這個國家的邊疆發生著什麼，也不知道在北方始終有個巨大的陰影，籠罩在每個人的上空。

二

霍去病記得清清楚楚，那是元光二年（前一三三年）六月的一天。

當日父親回家甚早，難得一家人圍在一起吃飯。霍去病非常高興。

剛剛八歲的孩子，身高像是有十多歲了。府裡很少有人還將他當孩子看待。霍去病天生神力，小小年紀，府內的每張硬弓他都可以拉開。

衛少兒發現丈夫神情與平日不太一樣，便問今日朝廷是否出了什麼事。

陳掌喝口酒，歎道：「今日王恢大人入獄了！」

衛少兒不由一愣。

王恢是當朝大行令，掌管邦交和邊陲部族事務。如此官高權重之人，究竟犯了何事？她知丈夫與王恢交情深厚，心裡頓感緊張。

陳掌說：「夫人有所不知，王恢素來反對朝廷與匈奴和親。的確也是，即便和親，匈奴難道就不犯境生事了？就為這個，王恢屢次與御史大夫韓安國當廷爭辯。」

衛少兒對朝廷之事興趣不大，只是擔心丈夫被牽扯進去，她說：「自高祖皇帝以來，咱們不是一直就與匈奴和親嗎？我聽妹妹說過，連高祖皇帝也吃過匈奴人的虧，和親是幾位先帝所用之法，王恢難道以為咱們現在有辦法打敗匈奴嗎？」

陳掌答道：「王恢不知在哪裡認識一個叫聶壹的人，說他可以去引誘匈奴人前來馬邑（今山西朔州），等匈奴人進入埋伏，就可將他們一舉殲滅了。」

衛少兒還沒回答，霍去病拍手說：「好啊！這主意不錯！孩兒也早聽說匈奴人總是侵犯咱們大漢邊境，就應該把他們消滅才是！」

陳掌和衛少兒對視一眼，很是吃驚。

「後來呢？」霍去病著急知道結果。

陳掌歎口氣，說道：「後來啊，陛下覺得此法可行，果然命王恢為將屯將軍，韓安國為護軍將軍，李廣為驍騎將軍，公孫賀為輕車將軍，李息為材官將軍，率軍三十萬埋伏在馬邑山谷當中，要一舉殲滅匈奴主力。」

「三十萬！」霍去病驚歎一聲說，「那將是何等的氣勢啊？」

衛少兒也感覺內心怦怦直跳，說道：「難不成他們反被匈奴打敗了？」

陳掌將手中端了半天的酒一口喝乾，說道：「本來匈奴人已然中計。那聶壹斬了一個死囚，對匈奴謊稱自己殺的是馬邑令丞，要將城池獻給匈奴。匈奴軍臣單于親自帶領十萬兵馬前來。不料，就在他們距馬邑尚有百里之時，軍臣單于見沿途牲畜不少，卻無人放牧，於是起了疑心。他先進攻雁門的邊防小亭。雁門尉史正在此巡邏，被俘投降，供出了我方計畫，軍臣單于立刻引兵撤還，沒有中計。」

霍去病突然站起身說道：「爹爹，匈奴撤軍了，王恢不是還有三十萬大軍嗎？如果立刻下令追擊的話，仍然可以打敗匈奴人呀！」

聽聞此言，陳掌十分驚詫，說道：「去病，你小小年紀，怎麼會有如此想法？」

霍去病嘴角一撇，說道：「匈奴人撤軍，本來就是害怕。如果這時候發起進攻，肯定可以打敗他們。」

衛少兒看看兒子，然後繼續問陳掌：「那王恢後來追擊沒有？」

陳掌搖搖頭說：「四位將軍都沒有追擊，三十萬大軍長途設伏，一無所獲地回來。陛下大怒，認為既然是去打仗，怎麼可以臨陣怯戰。今日，當廷將王恢下獄。看情形，這次可是凶多吉少啊。」

霍去病說：「要是陛下哪天派我帶兵了，我一定命令追擊。不把匈奴人打敗，我是絕不會回來的。」

陳掌看看霍去病，又看看衛少兒，說道：「夫人，去病雖然年少，卻鬥志驚人，說不定長大以後，真有帶兵出戰的一日。」

衛少兒看著兒子，也頗感驚異。

馬邑之圍功虧一簣，結束了漢匈之間已達五世的表面和平。軍臣單于為報復漢朝的這次埋伏，調兵遣將，從以前的騷擾搶掠升級成了對大漢吏民的直接屠戮。

漢匈之間大規模戰爭的序幕就此拉開。

衛青崛起

一

那天以後，霍去病總會向父親追問漢匈之間是否又發生了什麼戰事。

陳掌不明白一個未足十歲的孩子為何對戰事有如此濃烈的興趣。陳掌雖是曲逆侯陳平之後，卻對祖輩們激盪的風雲往事不感興趣，戰爭之事他向來避而遠之。

沒想到，自己的繼子霍去病居然對戰事這麼上心，而且眼光甚是獨到。而對霍去病來說，父親並不能在兵學方面給予自己有益的指導，他自己便一頭扎進書堆中。

霍去病喜讀《左傳》，那些古代名士、名將身上的智慧與大義，總能讓他熱血沸騰、豪氣難平。他開始渴望著展翅高飛，做出一番事業。

二

元光六年（前一二九年）五月的一天，此時距馬邑之圍已經過去四年，霍去病十一歲了。

一天，陳掌回府後，三步併作兩步，直入內室。正坐在內室的衛少兒見丈夫神態異常，不禁站起身來。

她還來不及說話，陳掌已衝到面前，一把將衛少兒手臂拉住，兩眼放光地說道：「夫人，大喜！大喜啊！」

衛少兒看丈夫這麼興奮，問道：「什麼事這麼高興？難道是你陞官了？」

陳掌興奮地說：「車騎將軍得勝還朝了！」

「啊？」衛少兒驚呼一聲，說道：「弟弟這麼快就得勝還朝了？」她激動起來：「快給我說說！」

「簡直不可思議！」陳掌說道：「車騎將軍這一次出征，竟然攻破了匈奴的祭天聖地龍城！」

衛少兒驚呼道：「弟弟如此勇猛，竟然打到匈奴人的龍城去了？」

陳掌尚未回答，霍去病已從外面衝了進來，大喊道：「聽說舅舅打勝仗了？」

陳掌高興地把兒子拉過來，說道：「去病，你舅舅打了大勝仗！這可不是書上的那些故事，是實實在在的事情啊！」

霍去病激動得臉都紅了。

衛青雖是舅舅，霍去病卻從未見過。父母經常在府中談論衛青，霍去病不知不覺知道了不少舅舅的消息。他知道，舅舅小時候是牧童，然後做了平陽公主的騎奴，後來又到了建章宮當侍衛，再後來又成為建章監。

霍去病腦海裡無數次設想過舅舅在軍營披甲持戈的樣子，會是伍子胥的樣子嗎？會是孫武的樣子嗎？

此時霍去病太激動了，他問：「母親，我什麼時候能見到舅舅啊？」

衛少兒微笑道：「去病，其實你出生不久就見過舅舅。你兩歲生日時，舅舅還給你削過一把木劍當禮物呢。」

「我小時候就見過舅舅了？」霍去病更加驚喜：「那，舅舅給我削的木劍呢？」

衛少兒話一出口，就頓感後悔。那時她還和霍去病生父霍仲孺在一起，事情已經過去差不多十年了，她還記得清楚，霍仲孺與她分別時，因無法帶走兒子，便帶走了那把木劍。衛少兒對過去之事不想再提，便敷衍兒子道：「那是你兩歲時的玩具，現在哪裡還找得到？」然後扭頭問陳掌：「陛下如何賞賜我弟弟的？」

陳掌說：「陛下不僅出城親迎，賞賜御酒，還當廷賜封車騎將軍為關內侯！」

衛少兒驚喜萬分，剛剛坐下，又不覺站起，說道：「我弟弟封侯了？這簡直，簡直……」她簡直不知如何表達心中的激動。

陳掌提議道：「我們不如去看看關內侯……」

三

在霍去病的心中，舅舅衛青簡直如天神一般威武。攻破匈奴龍城，那是多麼大的戰功啊！父親說得不錯，這不是書上的故事，是實實在在的事情。

霍去病再也按捺不住，轉身一溜煙去了後院。

後院不大，中間有個高台，高台旁邊是一個兵器架，上面插著各種兵器，架子旁靠著一張硬弓，弓旁數支長銁，銁上箭壺內裝有整整四十枝羽箭。

霍去病胸口起伏，被舅舅的功績激動得難以自抑。是啊，那些古代的戰事離自己多麼遙遠！什麼白起，什麼王翦，什麼廉頗，什麼李牧，他們如何能與此刻活生生的舅舅相比？他只感胸口熱血不斷上湧，簡直要衝破胸腔。

霍去病張開硬弓，從箭壺中抽出羽箭，看著百步外的箭靶，嗖嗖射去。

這些箭都沒有打中靶心。

霍去病心中難過，將弓箭直接摔在地上，他走上高台，看著遠處箭靶，喃喃說道：

「我武藝這麼差，如何才能追得上舅舅？」
他心情沮喪，恨不得馬上長大，隨舅舅馳騁沙場。

身世之謎

一

終於看見舅舅了。

這是霍去病終生難忘的時刻。

陳掌與衛少兒帶他前往關內侯府。衛青在府外相迎。

陳掌心中惶恐，如今衛青乃武帝寵臣，高居侯位，怎能讓他親自出迎？

衛青卻是經過了生死之戰，感慨良多。自己親人不多，看到姊姊一家，感到很親近。

霍去病看著舅舅站在府前，長袍寬帶，器宇軒昂，沉靜中透出儒雅，一股崇拜之情不禁油然而起。

是的，面前之人是舅舅，更是他心目中的英雄！

衛青看見霍去病，走上兩步，微笑道：「去病都長這麼高了！」

霍去病極為激動，脆聲道：「舅舅，你真的認識我？」

衛青笑道：「你小時候我就抱過你，怎麼會不認識？」又對陳掌和衛少兒說：「快請進去。」

霍去病始終盯著舅舅，覺得衛青的一舉一動、一言一語都有說不出的吸引力。

衛青見霍去病身體強健，更是發自內心地喜愛。霍去病見舅舅極為和善，膽子也大起來，走到衛青身邊，說道：「舅舅攻打龍城，是不是很危險？」

衛青輕聲道：「人在戰場上，只想殺敵，不會考慮太多。」

霍去病說道：「舅舅，我也想上戰場打匈奴。」

衛青哈哈一笑說：「你還小啊，等你長大再去打匈奴。」

陳掌見衛青和霍去病頗為投緣，便將兒子喜讀兵書、喜練武藝之事逐一相告。衛青覺得霍去病大有前途。

霍去病忽然說道：「舅舅，你教我武藝吧，以後我也可以隨你上陣殺敵。」

衛少兒趕緊說道：「去病，舅舅如今是朝廷重臣，平時很忙，你想學武，母親請人來教。」

霍去病嘴一撇，說道：「母親，你請的人難道會比舅舅厲害？我就是想跟舅舅學武藝。」

陳掌也說道：「去病別胡鬧！」

衛青仔細端詳霍去病，見他臉雖稚嫩，卻有一股英氣，心中更加喜愛。他望向陳掌和衛少兒，說道：「去病年紀雖小，卻是有志之人。要不這樣，我在長安的時候，去病隨時來我府邸，我親自教他。」

陳掌和衛少兒一聽，驚喜萬分，沒想到衛青竟然願意親自指導霍去病。衛少兒趕緊說：「去病頑劣得很，會不會給弟弟添麻煩？」

衛青微微一笑，說道：「為朝廷培養棟樑之才，怎麼會是麻煩？」

霍去病已興奮得不知如何是好，學著大人的模樣對衛青抱拳說道：「徒兒拜見師傳！」

眾人大笑。

二

那天以後，霍去病常來衛青府邸。

衛青沒想到外甥對《左傳》的熟悉程度，竟連自己也自愧弗如，而且，每當外甥談起史書上那些戰役，總是按捺不住滿腔激情。

衛青難以想像一個十幾歲的少年會有如此雄心壯志。

此外，霍去病的天生神力也讓衛青驚訝。他剛開始聽說霍去病能開硬弓，還以為是陳掌府上的尋常之弓，沒想到霍去病竟然能拉開自己的硬弓，其他武器也能用得有模有樣。衛青不由暗想，再過幾年，外甥還真能成為大漢軍營中的一員猛將。

衛青愛才心切，索性派人去陳掌府上，將霍去病接至自己府邸，以便每日親加督促。

陳掌與衛少兒自是大喜過望，霍去病也極為振奮，遂到舅舅府中住下。

有衛青親自傳授，霍去病的進步自然一日千里。

三

衛青有一位肝膽相照的知己，叫公孫敖。衛青尚在建章宮當侍衛時，就是時為騎郎的公孫敖聽到大長公主（皇后的生母，景帝的同胞姊姊，武帝的姑母）想取衛青性命的消息後，趕緊帶人過去，救下了衛青。

數月前，匈奴兵犯上谷（今河北懷來），衛青被加封為車騎將軍，公孫敖為騎將軍，二人和公孫賀、李廣兩位將軍同時受命，兵分四路迎擊匈奴。出兵之後，僅衛青一路直搗龍城，取得大漢主動進攻匈奴的首次勝利。公孫敖兵敗，被判秋後問斬，幸虧衛青拿出萬金，為其贖命。公孫敖被貶為庶人，衛青把他安置在侯府暫居。

此時距衛青直搗龍城僅過數月，匈奴再次犯境，偏偏衛青病倒。軍中名將李廣也因數月前那次戰敗被貶為庶人。武帝無奈之下命衛尉韓安國為材官將軍，出戍漁陽。衛青擔心韓安國難以取勝，雖重病在身，還是搬至軍營居住，一邊養病，一邊準備隨時領命出征。

臨行前，衛青將霍去病託付給公孫敖。公孫敖一身武藝，得衛青重託，自是對霍去病傾囊相授。

有一天，衛青問公孫敖：「公孫叔叔，你什麼時候認識我舅舅的？」

「哈哈，很多年了，第一次遇見你舅舅時，我們就像你現在這麼大。」

「那你們是怎麼認識的？」

「這個就說來話長了。那還是十多年前，你還沒出生呢。我在甘泉宮第一次見到你舅舅，那時他還是個牧童。我呢，是陛下做太子時的侍從。」

「舅舅為什麼會去甘泉宮呢？」

「他陪一個鄰居去。那天甘泉宮裡有很多囚犯，有個囚犯過來給你舅舅看相，說他會日後封侯。你看，果然應驗了。」

「我聽我母親說過，舅舅小時候是牧童。」

「是啊，是牧童，後來他到了平陽侯府。你還記得平陽侯府嗎？我聽你舅舅說過，你兩歲前都是和你父母住在平陽侯府的。」

「我父母？公孫叔叔，你說的是我……親生父親嗎？」

「你不知道？」

「我真的不知道。公孫叔叔，我親生父親是誰？」

「這個，這個……我也不知道，你母親沒告訴你？」

「沒有，我一直就奇怪，我現在的父親和我不是一個姓，我就猜到，他不是我的親生父親。公孫叔叔，你真的不認識我的親生父親？」

「我真的不認識，你舅舅認識，等你舅舅回來，你自己去問他吧。」

「我……親生父親在哪裡呢？」

「這個我真的不知道，今天……我們都早點睡吧，夜裡有點冷了。」

「公孫叔叔怕冷嗎？」

冷？哈哈，我死都不怕，怎麼會怕冷？」

「那就別去休息，你再多給我說說。」

「你親生父親的事，我一點也不知道，只是聽你舅舅說過。他和你父親是認識的。」

「那我知道了，我……」

「去病，現在的父親對你不是很好嗎，你別難過了。」

「我沒有難過，沒有……」

霍去病轉身慢步走向自己臥房。公孫敖頗為懊悔，不明白怎麼會忽然說到霍去病親生父親這件事。

四

第二天，公孫敖早早來到後院練武場。令他意外的是，霍去病早已在院內縱馬奔馳。只見他馬上開弓，射向箭靶，精神狀態極好。

霍去病看見公孫敖，勒住韁繩，翻身下馬，說道：「公孫叔叔，這麼早就起來了？」

公孫敖笑道：「你起得更早啊。」他見霍去病臉上全無昨晚的心神不寧，眉宇間是一種脫胎換骨後的堅毅。公孫敖知道，霍去病不會再追問生父之事。

男人該如何面對世界？最重要的不是追究過去，而是如何直面未來。

此刻的霍去病，眼中散發的便是堅毅果決的光芒。這是要捕獵未來人生的目光，是長大成人的目光，是一個真正男人的目光。

幼鷹展翅

一

霍去病到舅舅府上的第二年，即元朔元年（前一二八年），衛青第二次奉旨率部迎擊匈奴，兵出雁門。這一次，衛青再次展現了無與倫比的軍事天賦，與匈奴甫一交手，便斬下千餘首級，大勝回朝。

朝堂上下，對衛青盡皆稱頌。

公孫敖也將消息告知霍去病。

霍去病聽完了公孫敖的講述，並未十分激動，而只是問了一句：「我舅舅此次率軍多少？」

「三萬精銳騎兵。」公孫敖回答。

「三萬騎兵，只殺敵一千，我覺得舅舅還可以多殺十倍匈奴！」

公孫敖聞言，不禁震驚，說道：「去病，你不知道匈奴的騎兵有多厲害。你舅舅能將匈奴擊敗，已經是前無古人的戰績了。你知道當年秦始皇手下的大將蒙恬嗎？」

霍去病答道：「我自然知道，他奉命率三十萬大軍北擊匈奴，最後只能在黃河以南設縣，不算有本事之人。」

公孫敖聞言，眼睛都瞪圓了，說道：「蒙恬當年威震邊關，匈奴也不敢南侵啊。」

霍去病嘴角一撇，頭向上仰，說道：「如果我是蒙恬，手下有三十萬大軍的話，我會將匈奴殺得片甲不留！」

公孫敖與霍去病相處得久了，倒是聽慣了他的驚人之語，此刻不驚反笑，說道：「等你和匈奴人真正交鋒的那一天，你才會知道對方有多強悍。」

霍去病聽出公孫敖不相信自己，鄭重說道：「當年勾踐裹甲征吳，西楚霸王破釜沉舟，那時他們手下有多少兵士？對方又是多少兵士？」

公孫敖訝然說道：「去病，那可是歷史上以少勝多的罕見戰役啊。」

「我知道罕見，」霍去病說道：「可畢竟有人做到了。以後我也一樣能做到，甚至超越他們。」

公孫敖凝視霍去病片刻，忽然笑起來說：「去病，你有大志，公孫叔叔真是喜歡，怪不得你舅舅也那麼喜歡你。」

霍去病笑了起來，說道：「公孫叔叔，其實你說的我都知道，除了舅舅，也沒有人值得我崇拜。」他剛說完這句話，忽覺不妥，臉上漲紅了，又補充一句：「我也喜歡公孫叔叔。」

喜歡畢竟不是崇拜。公孫敖哈哈大笑，說道：「去病，公孫叔叔只打過敗仗，還能被你喜歡，對我來說已經很滿足了。」

霍去病不好意思地笑笑，說道：「今天我們繼續比箭，昨天輸了三箭，今天我要贏回來。」

二

對衛氏一門的所有人來說，元朔元年是極為重要的一年。

衛青第二次擊敗匈奴尚在其次，更重要的是，衛子夫終於誕下了整個國家翹首以盼的皇長子。

武帝十六歲登基，迄今已過去十三年。不論對武帝還是對整個國家，天子是否有繼承者，是比戰勝匈奴更為重要的大事。帝祚綿延、順承有序，才能緩解天下子民的焦慮。

天下狂歡之際，武帝為皇長子取名劉據，冊封衛子夫為皇后，大赦天下。

官封車騎將軍的關內侯衛青兩敗匈奴，已深得武帝之寵，其姊衛子夫誕下皇長子，登上皇后寶座。衛氏一門，在短時間內登上他人畢生也難以抵達的權力高峰。

就連年少的霍去病，也有了皇長子表兄的耀眼身份。

衛青的府邸開始人頭攢動，朝廷大員絡繹不絕地拜見關內侯，也順便奉承霍去病。

衛青不適應這樣的恭維，尚未成年的霍去病更不適應。後來，只要有客登門，霍去病便與公孫敖至後院練武。

三

總在府中，不足以開闊視野，衛青和公孫敖開始帶些侍從，與霍去病前往長安外的少華山、太白山、驪山、終南山等地練習武藝。

群山連綿，霍去病登高望遠，心中起伏。是的，眼前所見，便是綿亙不絕的大漢江山。將來他也要像舅舅一樣，保衛大漢江山，不許匈奴人侵入。他下定決心，有朝一日，自己一定要像舅舅那樣名揚天下。

衛青此時已告知霍去病其身世。他的生父叫霍仲孺，和衛少兒是在平陽相識，那時衛青和衛子夫也還在平陽侯府當騎奴和歌女，他們姊弟仨還經常見面。衛青記得非常清楚，霍仲孺離開衛少兒母子時，霍去病剛過完兩歲生日。正是那一年，衛子夫入宮，衛青也前往建章宮當差。

霍去病也不再為此事糾結，他的天地已經廣闊許多。他不僅操練兵事，又經常把軍士分為兩組，後逐漸增加軍士，每次分為數組佈陣時，霍去病都會認真思考自己應如何指揮，飛快地從中領悟兵法之道。

眼見霍去病進步飛速，衛青心中喜悅，不時給予鼓勵。

四

很快，一年時間過去了。衛青知道，若再拘泥於府邸和這幾處山巒，外甥的本領很難再更進一步了。

下一步該如何安排？讓外甥隨軍嗎？他還太小了。尤其是，霍去病天賦雖異於常人，但若將他帶往軍中，難免會有人以為他徇私提拔親屬。

他忽然想起了建章宮。

那裡的期門軍是當今皇上劉徹一手親建，是真正行軍佈陣的練習之所，也是真正的鍾煉勇士之處。

衛青迅速做出了決定。

是年，正逢衛青擊敗匈奴白羊王與樓煩王，收復河朔，被加封為長平侯，皇上詔令設朔方郡（今內蒙古鄂爾多斯），命蘇建修朔方城，徙民十萬。

衛青已預料到，匈奴不甘失敗，必騷擾朔方，培養新生將領已迫在眉睫。再者，公孫敖兩年前兵敗，貶為庶人，衛青也盼他能東山再起，唯一的可能便是待來日大戰，重立軍功，自能再得武帝歡心。

想到這裡，衛青決定將公孫敖與霍去病都帶往建章宮。

聽到這樣的安排，公孫敖和霍去病都很高興。公孫敖早盼能得再起之機，霍去病則渴望另一片更開闊的天空。

沒有哪隻幼鷹，不渴望展開翅膀迎風翱翔。

尤其，建章宮是舅舅的起步之地，舅舅走過的每一個地方，無不令霍去病心馳神往。

更令他激動的是，舅舅帶他到建章宮前就答應他，待他年滿十八，便帶他上陣殺敵。

五

武帝對騎兵的經營極為重視。自高祖以來，從未有哪位先帝戰勝過匈奴，核心原因便是漢朝騎兵不強。大漢立國之初的窘境，還讓人記憶猶新，馬匹的缺少竟使貴為天子的劉邦也找不出四匹顏色相同的馬，連韓信、蕭何這樣的將相坐車也只能以牛代馬拉車。如今漢朝已歷數代，國勢大增，但騎兵仍然缺乏。是故，武帝很是下了一番心血。

到建章宮後，霍去病和公孫敖都有如魚得水之感。二人箭法、騎術俱是驚人。期門軍人都知公孫敖騎郎出身，若不是兵敗代郡，恐怕已登侯位。他雖吃過敗仗，但畢竟是與匈奴面對面交鋒之人，無人敢輕看。倒是霍去病，雖人高馬大，但終究是少年。初至期門軍時，很多人以為他不過是倚仗舅舅權勢而來。不料，短短幾天，霍去病的精湛騎術及箭法便令所有人刮目相看。

沒有哪處障礙，能阻攔霍去病胯下的馬匹；整壺羽箭，箭箭中的。

建章宮的每一項訓練都極為嚴格。這裡的環境和衛青府邸大不相同。在衛青府邸，只有他和公孫敖兩人，一傳一學，即便在山中，人數終究有限。此刻是數百人同時出馬，霍去病的激情被宏大的場面喚起，他不僅在各種攻防演練中游刃有餘，在手搏訓練中，更是全軍翹楚。

沒有人再質疑他的年齡，只記得他的勇猛、天份與刻苦。

六

很快，關於霍去病的消息傳到武帝耳中。剛聽到時，武帝不禁啞然失笑。在他看來，一個十來歲的少年如何能在自己精挑細選的六郡軍士中首屈一指？應是那些軍士不過因為霍去病乃長平侯外甥而有所退讓。

念頭一轉，武帝又頓覺不對。這支他親建的軍隊都是年輕熱血奮進之人，不可能出現退讓之事，出自建章宮的衛青就是他們活生生的榜樣。

終於有一天，心懷好奇的武帝親來建章宮視察。

他真的沒有失望。霍去病的非凡英姿、出類拔萃的武藝使武帝當即擢升他為騎郎。所謂騎郎，便是平時在宮中充當輪流值班的護衛，當皇帝出行時，則充任御輦旁的車騎侍從。官職不大，身份卻極為顯赫。

大漢王朝最為輝煌耀眼的將星，即將冉冉升起。

年歲之約

一

有時候，霍去病也會入宮。他發現，未央宮不比建章宮，這裡每一位護衛都恪守宮規，哪裡都不敢亂走。

衛子夫平時將後宮管理得井井有條，卻並不太約束霍去病，允他時常走動。其他護衛見狀，極為吃驚。但武帝著實喜愛霍去病，也對他頗為放任。在武帝心中，甚至想到等太子劉據稍大點，可隨霍去病習武。

此時劉據已經兩歲，愈來愈招人喜歡，霍去病便一招一式地引他學武。衛子夫和侍女在旁觀看，都不禁微笑。

在激流暗湧的深宮之中，這是衛子夫最為享受的時刻。

二

元朔三年（前一二六年）的一個夏日，霍去病正在逗劉據玩耍，忽聽「陛下駕到」，他們當即走到門外迎接。

只見武帝和幾個近侍一路走來。

衛子夫和霍去病即刻行禮請安。

看皇上面帶微笑，衛子夫問：「看陛下眉宇，是不是今天又有喜事？」

武帝哈哈一笑，說道：「皇后果然好眼力！」

劉據見到父親，也張開雙手，跌跌撞撞地走來。

武帝彎腰將兒子抱在懷裡，春風滿面地說道：「據兒有沒有想父皇啊？」

衛子夫在旁笑道：「據兒每日都想父皇啊。」

武帝抱著兒子，看著衛子夫微笑道：「今日朕心甚喜，出使西域的張騫歸朝了！」

衛子夫驚訝地說道：「他還是在臣妾入宮之年出使西域的，這屈指一算，已過去十三年了，竟今日歸來了？」

武帝點頭說道：「不錯，十三年前，朕命張騫前往大月氏，卻於往返途中，兩度被匈奴扣留。這次若不是軍臣單于亡故，匈奴中發生奪位之爭，張騫恐怕還回不來呢。」

說到這裡，武帝臉上笑意消失，眉頭微皺，似是想起這十三年之間，終是憂多於喜。十三年過去，匈奴仍然未滅，尤其張騫出發之時，帶一百多人隨行，歸來時只剩他和堂邑父二人，不禁又心頭沉重。

霍去病忽然說道：「陛下，匈奴膽敢扣留大漢使臣，豈能輕饒？」

武帝回頭看了眼霍去病，緩緩道：「朕也不想輕饒他們，只是……」

霍去病慨然說道：「陛下派出大漢騎兵，把單于拿下，不就報仇了嗎？」

武帝失笑道：「去病，你說得太容易了！匈奴一直是我大漢之患，朕沒有一日不想蕩平北方。可用兵之道，不在一勇，而在良謀。」

霍去病不加思索，即刻答道：「陛下聖明。依臣之見，有勇無謀，固然不可，可有謀無勇，也是難成。」

武帝聞言，不由一怔，覺得眼前這少年還真有自己的想法。

他微微點頭，說道：「朕知你武藝超群，勇是勇了，可朕還是勸你多讀兵書。用兵之人，豈可不明兵法？」他拍拍霍去病的肩頭，說：「長平侯便是熟讀兵法，才能取得對匈奴的連番勝利啊。」

霍去病微微一笑，拱手說道：「陛下明鑑，長平侯用兵如神，確與熟讀兵書有很大關係，可當年趙括何嘗不是將兵法倒背如流？最後卻只落得空口談兵，長平一戰，被白起坑殺四十萬銳卒，趙國從此一蹶不振。臣以為，兩軍交戰，固然要熟兵法，可戰場萬變，相機而動才是上上之策，大可不必拘泥於兵書所言。」

聽聞此言，不僅武帝吃了一驚，連衛子夫在旁也臉露詫色。

難以想像，一個十四歲的少年居然能說出這樣一番話來。

武帝哈哈大笑，對霍去病說道：「去病，朕還真是沒看錯你！就衝你剛才這番話，朕加封你為侍中！以後日日上朝，與聞朝政，不必守在宮室了。」

霍去病大喜，單膝跪地，說道：「謝陛下！」

衛子夫也驚喜異常，向皇上行禮致謝。

劉據不明大家為何如此興奮，他看看衛子夫，又看看武帝，搖搖晃晃，終於還是走向霍去病。

武帝見霍去病抱起劉據，臉上笑容猶稚，心想待據兒日後登上大位，霍去病還真能成為據兒可倚仗的將領。不過，還是得讓霍去病先到戰場上磨練一番。

三

時光匆匆，轉眼到了元朔五年（前一二四年）春天，匈奴右賢王時時侵擾朔方郡的消息不斷傳來。武帝極為震怒。自衛青三年前收復河朔，武帝便接受主父偃奏請，在北方增朔方郡。此舉令新登單于之位的伊稚斜食不下嚥，在其嚴令之下，匈奴右賢王兵入河朔，企圖一舉奪回失地。

此時的大漢王朝，除了衛青，已無人能得武帝信任，當下命衛青率三萬精騎，出高闕迎戰右賢王。

霍去病極想隨軍出征。武帝說道：「你到宮中之時，不是對朕說過，長平侯已答應你年滿十八後隨軍嗎。你如今剛剛十七歲，再等一年吧。明年若匈奴再犯，不必長平侯多說，朕會親自頒旨，命你出征！」

霍去病聞言，極為鬱悶，恨不得現在就到十八歲。但確實有言在先，也只能眼睜睜看著公孫敖被衛青重新任用，充任中將軍隨軍。

站在城樓上，看著舅舅率大軍出發，繡有「漢」與「衛」字的大旗迎風勁舞，霍去病只覺心頭怏怏，直到如長蛇一般蜿蜒的軍隊再也看不見了，才悶悶不樂地走下階梯。

漢武帝內心清楚，此次出征，對國家來說將是極為凶險的一戰。當初增設朔方郡時，帝國徙民十萬，付出財力物力不計其數。以公孫弘為首的大臣上奏反對，他們認為，河朔遠離中原，實乃「無用之地」，不值得為它「罷弊中國」。更何況，如果匈奴發兵奪回，十萬民眾無疑將成為殉葬品。

然而對武帝來說，設郡乃是為了牢牢掌控河套之地，連番征戰，對國家財力是空前考驗，其中風險，自己又如何不知？是以衛青出征之後，武帝遂去上林苑打獵，暫避群臣，也穩定一下自己的心神。戰爭本來就是流血的政治。武帝希望所繫，便是衛青再獲大勝。匈奴右賢王部素以兵強馬壯聞名，衛青率軍三萬出征，已是現在朝廷所能派出的精騎了，所以更不能失敗，否則不僅反守為攻無望，連日後的防禦也難以為繼。總之，這是只能勝不能敗的關鍵一戰。

對於霍去病，武帝看在眼裡，其與生俱來的勇猛恰好與衛青形成完美無缺的互補。但不到最佳時機，還不能讓他釋放能量。

四

武帝自上林苑回朝後，不多日便捷報傳來。衛青率部出塞後，奔襲近七百里，夜圍右賢王。右賢王措手不及，只帶得親信數百人潰圍而逃。衛青生擒匈奴裨王十餘人，俘虜一萬五千名匈奴精銳。至於各種畜類，竟達百萬之多。

衛青不但解除了武帝之憂，更取得大漢迄今為止最輝煌的一場大捷。

武帝欣喜之下，派使者攜大將軍印前往衛青營帳，於軍中拜衛青為大將軍，掌天下兵馬，甚至連衛青三個幼小的孩子也賜地封侯。其麾下戰將，竟有十人被授侯位，公孫敖也一雪前恥，被封為合騎侯。

衛青奏凱還朝時，武帝當廷下旨，公卿以下官員全部在大將軍馬前行拜謁之禮，武帝也親賜御酒三杯。衛青聲望達至巔峰，普天之下，無人不爭相以親見大將軍豐儀為榮。

霍去病激動得難以入眠，當夜進宮，求見天子。

武帝有點驚訝霍去病深夜求見。霍去病走到武帝身邊，單膝一跪，抱拳說道：「微臣懇請陛下，不要忘了年歲之約。」

武帝初時一愣，旋即哈哈一笑，說道：「君無戲言，朕怎麼會忘記？」

五

在霍去病的煎熬等待中，終於盼來了第二年的春天。衛青於二月再次受命，兵出定襄（今內蒙古呼和浩特），北抗匈奴。霍去病再也按捺不住了。衛青剛剛接旨，霍去病便出班奏道：「陛下，微臣懇請此次隨大將軍出征！」

武帝不動聲色地看了霍去病一眼，緩緩說道：「你為何忘記自己的年齡？」

霍去病滿臉著急，拱手說道：「陛下明鑑，微臣於陛下登基之年出生，如今元朔六年，正好十八歲，陛下和大將軍都曾答應我，年至十八，便可出征了！」

衛青還未說話，便聽武帝微笑說：「朕早已知曉，你生於三月，尚有一月才滿十八歲。」

霍去病臉都漲紅了，大聲說道：「陛下已經答應我，年到十八歲，便可出征，陛下豈能出爾反爾？」

此言一出，群臣顏色俱變。朝堂之上，何時出現過對天子的責言？衛青也暗自吃驚，一時竟不知如何開口，抬頭一看，卻見武帝面帶微笑，說：「朕說過的話，句句記得。朕所言，是待你年滿十八歲，不是年到十八歲，待一月之後，朕將如你所願。」他轉眼看向衛青，說道：「大將軍，朕命你明日出征，靜待你的凱旋之音！」

衛青抱拳：「臣領旨！」

獲勝封侯

一

元朔六年（前一二三年）二月，衛青再次出征，又以斬獲數千匈奴首級之功，完勝還朝。

霍去病一邊對舅舅的崇敬之心更甚，一邊摩拳擦掌，等待屬於自己的機會。機會到來之快，連霍去病自己都沒想到。

四月，連吃敗仗的伊稚斜單于不甘祖父冒頓單于滅東胡、逐月氏、取河套、困高祖、辱呂后的威風在自己手上消失殆盡，急於挽回頹勢，竟又一次悍然出兵，入侵漢境。

急報傳來，受命率軍的自然是大將軍衛青。

這一次，不待衛青與霍去病開口，武帝當廷封剛滿十八歲的霍去病為剽姚校尉，隨軍出征。令群臣意外的是，尚無實戰經驗的霍去病，不僅是隨軍，武帝還命衛青撥八百輕騎交其指揮。

對霍去病來說，心中十分清楚，若無天子親自頒旨，他只能是普通軍士。所以，他非旗開得勝不可，否則日後只會令人輕看。

數萬漢騎在校場整裝待發。他們的馬匹在軍旗下站立，蹄蹬尾掃。剽姚校尉霍去病頂盔貫甲，罩袍束帶，披風佩劍，英氣勃勃地大踏步跟在衛青等人身後，臉上寫滿了青春、渴望、信心、激情。

北逐匈奴，邊關望月，是他長久的夢，如今夢想即將成真。

二

兩個月前出征北地，衛青麾下有六位將軍輔佐，分別是中將軍公孫敖、左將軍公孫賀、右將軍蘇建、前將軍趙信、後將軍李廣及強弩將軍李沮。

此次出征，仍是這六人為帳前大將。

出征前，衛青問霍去病需要哪位將軍輔佐。霍去病心知，這六員大將均戰功赫赫、資歷頗深，自己雖被任命為剽姚校尉，然而臨到戰場，難免要服從這些從軍時間遠長於自己的前輩。然而霍去病心中的行軍旨要為「隨機應變」，有人管轄多有不便，於是慨然答道：「末將只需八百輕騎，無須其他將領。」

衛青突然產生一種強烈的預感，霍去病的確不需要他人指引。連武帝也信任霍去病，自己有什麼理由不信任？當下點頭同意。

大軍逶迤，風吹旗展。

沒想到，大軍剛出定襄，霍去病又即請命衛青，讓自己率所部八百騎先行，自覓戰機。衛青聞言一愣，那六位將軍也是驚訝不已。區區八百騎，若是遠離大部，會不會遭遇當年高祖的命運？天下無人不知，高祖七年（前二〇〇年）冬天，劉邦親率三十二萬大軍出晉陽迎擊匈奴，便是因騎兵行進過快，主力步兵未能跟上，被冒頓單于圍困平城白登山達七日七夜，幾乎葬送了剛剛打下的大漢江山。如今霍去病竟然只帶八百騎先行，難道他不知什麼是前車之鑑嗎？

衛青略一沉思，對霍去病點頭說道：「戰事凶險，多加小心！」

霍去病慨然應允，縱馬遠去。八百騎馬蹄激起滾滾煙塵，遮住了北方天空。

三

遠離大軍，霍去病只覺天高地闊。蒼涼無盡的茫茫曠野，風雲激烈的萬里長空，不正是每一隻雄鷹的展翅之所嗎？

霍去病率部四處覓敵。這日狂奔百里之後，霍去病勒住戰馬，命部隊停下。

八百健兒齊齊勒馬，望向霍去病。

霍去病勒轉馬頭，大聲說道：「我已請命大將軍，自行覓機殺敵。前面乃陰山東麓，依我所料，東麓之後，必是匈奴駐紮之地，我們首次出征，必得讓匈奴知我大漢之威！我們今日便繞過山麓，直入陰山，一個匈奴士兵也不要放過！諸將士俱聽我令！」

八百騎兵山呼海嘯般齊聲回答：「諾！」

霍去病一勒韁繩，再轉馬頭，手中長劍前指，厲聲喝道：「隨我來！」話音未落，胯下青驄馬四蹄已開。霍去病一馬當先，身後的八百騎同時催馬，一股滾滾煙塵，直向陰山東麓席捲而去。

果如霍去病所料。伊稚斜單于的叔父羅姑比駐紮在此。

此次伊稚斜單于侵漢，兵分數路，交給叔父羅姑比的，是一支能征慣戰的千人精銳。伊稚斜單于知武帝必遣衛青迎戰。匈奴人幾次敗在衛青手下，早已不敢輕忽，是以伊稚斜單于將這支千人精銳交到自己最信得過的叔父之手，打算作為增援力量。

羅姑比自恃自己遠離前線，極是安全，所以只派出斥候，偵察衛青主力何往。他今日得到的情報是衛青尚有兩百多里之遙，遂放鬆警惕，大部份人馬都在營中休息。

陡然間，驚天動地的吶喊聲傳來，羅姑比十分震驚，正欲派人打探，營門已被攻破。羅姑比猝不及防，部下雖是精銳，卻因突襲而全軍混亂。霍去病帶八百輕騎闖入大營，如虎入羊群，大量匈奴人來不及上馬，便被漢騎揮刀取命。

霍去病兵分兩路，將匈奴部眾分割獵殺，自己縱馬撲向中軍大帳。

羅姑比沒料到漢軍竟如閃電般殺到，驚駭中剛剛翻身上馬，便聽得耳邊一聲大喝：「哪裡走！」接著便被霍去病生擒活捉！

主將被擒，匈奴全軍混亂，霍去病的八百輕騎人人驍勇，片刻工夫，竟將羅姑比這支千人精銳全部剿滅。霍去病勒馬對散逃的匈奴敗軍揚聲喝道：「今日饒過爾等，回去告訴你們單于，我乃大漢霍去病！」

隨後，霍去病從羅姑比口中得知，匈奴的籍若侯在距此處兩百里外。籍若侯名為產，是伊稚斜單于祖父輩的人物，在匈奴中威望頗高。霍去病即刻下令，八百騎征甲不卸，再馳兩百里突襲。

八百輕騎已被勝利激發得壯志凌雲，他們再次勢如狂飆，朝兩百里外奔去。

籍若侯也未料到漢軍如此迅疾，待他看見前方煙塵滾滾時，馬蹄聲已是驟如奔雷。

籍若侯判斷不出來軍是羅姑比部下還是漢軍，只能催馬迎上，只見前面煙塵中已閃出一員少年漢將，在他身後戰旗飛揚，上面寫著威風凜凜的「霍」字。

籍若侯剛想迎敵，只見對方長劍如電，耳邊剛響起一聲「下馬」的喝叱，一低頭看到長劍刺進自己胸口，隨即翻身落馬。

主帥瞬間陣亡，匈奴人陣勢大亂。霍去病率領的八百輕騎又以風捲殘雲之勢，快速擊潰了這支千餘人的匈奴部眾。

一日兩戰，霍去病統計戰果，殺敵竟有二千零二十八人。包括羅姑比在內，俘虜的尚有匈奴相國與當戶。霍去病命手下將陣斬的匈奴人頭掛於每人馬側，自己手提籍若侯首級，傲然說道：「回大將軍處！」

此時正值黃昏，草原之上，只有狂風與戰馬長嘶。

聽聞兩支精銳折損，伊稚斜單于再也無心戀戰。他雖擊敗漢軍蘇建與趙信聯合的三千騎兵，逼使趙信投降，但自己的損失之大仍超出預期，他下令收軍返回王庭。

漢軍又一次凱旋。此次勝利的光芒，盡在霍去病身上閃耀。

四

看著殿前站立的衛青與霍去病，武帝掩飾不住內心喜悅。是的，他從未懷疑霍去病的才華，但他創下的功績，仍是超出期待，如何不令人驚喜？

武帝心中清楚，從元光六年（前一二九年）至今，衛青在七年間六擊匈奴，每戰皆勝，實為大漢立朝以來僅見的對匈戰績，也讓天下臣民有了一種衛青出兵必勝的信念。衛青的戰術是以多擊少，圍殲擊破；今日霍去病以八百之眾，竟斬首匈奴兩千有餘。衛青此次斬敵萬人，卻終究佔了兵力優勢，而且其中包括三千精騎覆滅和趙信投降。

此消彼長，襯托得霍去病更加神威。

武帝論功行賞，衛青一路，軍功不多，其部下只有斬首匈奴兩千的上谷太守郝賢被封為眾利侯。

作為全軍主帥，衛青功過相抵，不予加封，只賜千金為賞。

如何賜封霍去病呢？

武帝手按御案，沉思良久，然後決定封他為「冠軍侯」。

武帝掃視群臣，目光威嚴地說道：「大將軍衛青，冠軍侯霍去病，實乃我大漢帝國雙璧！蕩平匈奴，本朝指日可待！」

馬踏焉支

一

漢朝雖在與匈奴的交戰中有了幾次勝利，但終究還是不能根除北方邊患。武帝深知，七年征伐，文、景二帝留下的龐大財力幾乎竭盡，大漢已無力主動北征。此次霍去病以疾風掃落葉之勢連敗匈奴，並不意味著漢朝就獲得了戰爭主動權。

禍福相倚。匈奴一方，伊稚斜單于接受了此戰中投降的趙信的提議，引軍北往，不再以入侵為手段，而是想引誘漢軍深入腹地，以伏擊來消滅漢軍主力。

衛青七年六勝，已令匈奴畏懼；霍去病一日兩捷，更令胡人膽寒。

大漢國力損耗，匈奴也是筋疲力盡。雙方都急需養精蓄銳，於是暫時息兵罷戰。

第二年，即元狩元年（前一二二年）四月，武帝頒下聖旨，立七歲的皇長子劉據為太子，大赦天下，普天同慶。不料，僅過一個月，匈奴竟又派出萬人入上谷，殺吏民數百。武帝頗感意外，因他得到的密報是伊稚斜單于養兵漠北，眼下居然又突擊侵境，還來不及命衛青出征，匈奴人已然退去。

「大將軍以為匈奴此次為何退軍如此之快？」在御前軍事會議上，武帝直接問衛青。

衛青答道：「依臣所見，匈奴連年敗績，此次見陛下立太子，以為防守鬆懈，前來試探而已。伊稚斜如今軍藏漠北，想誘我深入，然後包圍殲滅，陛下不可不察。」

「大將軍，」霍去病有點急不可耐，說道：「不管匈奴是否有意引誘，我想請命北擊，讓匈奴再嘗我大漢軍威。」

衛青微笑道：「冠軍侯切勿著急，打仗既拚勇敢，也拚國力。」他又轉向武帝說道：「臣以為，我大漢宜休兵一年，待明年兵精糧足，我們便可主動北上，再破匈奴！」

霍去病見舅舅如此一說，才覺自己考慮得確實不夠周詳。

武帝低頭打量攤在桌上的地形圖，伸手指點住陰山，又慢慢移到河西走廊上的焉支山脈停住，凝視片刻後緩緩點頭，說道：「大將軍言之有理。」他又看向霍去病，說道：

「冠軍侯勇武超群，可國力不允，就且休息一年。朕准大將軍所奏，一年為期，蓄養國力。朕不想把匈奴之患留給據兒。」

他背手來回踱步，抬頭喃喃說道：「一年，一年……」忽又站住，凝視面前的衛青和霍去病，朗聲說道：「大將軍聽旨！朕命你以一年之期，潛心操練士卒！冠軍侯聽旨！朕命你一年以內，不可再提北征之事！群臣也禁議北征。一年之後，朕將兵發焉支山，以絕匈奴西遁通道。匈奴之患，朕已不可再忍！」

「臣遵旨！」衛青與霍去病齊聲答道。

二

伊稚斜單于五月兵襲上谷，果然只是試探。上谷太守是一年前被賜封為眾利侯的郝賢，他知道自己兵力不足，不能主動出擊，但防守卻是綽綽有餘。伊稚斜單于也未全力攻打，見郝賢防守得法，回去後傳趙信來詢。

趙信原本是匈奴小王，後戰敗降漢，上次出師與蘇建合軍遇上匈奴主力，兵敗後再次歸於匈奴，他對倒戈投降並無內疚，尤其被伊稚斜單于封為自次王後，更是感恩戴德。倚仗自己對漢朝軍事的瞭解，趙信對伊稚斜單于分析道：「劉徹和我們打了七年有餘，他哪還有那麼多兵餉？漢軍防守有些門道，我們強攻得不到什麼好處，不如屯兵漠北，蓄養兵力。」

伊稚斜單于聞言頗為不悅，說道：「那依你之見，我們對漢朝就此罷手不成？」

趙信趕緊解釋：「不是罷手，漢軍不來，我們也正可好好整頓。衛青用兵厲害，我們不必再試探，現在漢朝依城據守，我方在此強攻也是損失頗大。所以，依臣之見，還是明年想法誘漢軍深入，一戰打掉衛青的威風，漢朝也就無人可派了。」

伊稚斜單于皺眉說道：「現在劉徹手上不是還有李廣？那個霍去病也不可輕視。」

趙信哈哈一笑，說道：「單于休慮，李廣不過一勇之夫，七年前在雁門外被生擒，若不是老單于要留下活口，這世上哪還有什麼李廣？他若再來，必再被擒。」

伊稚斜單于緩緩點頭，說道：「那霍去病呢？」

趙信不屑地說道：「霍去病不過仗著自己舅舅衛青是大將軍，得以封為校尉，其實不過是一黃毛小兒，去年僥倖贏了兩戰，劉徹竟然昏了頭，封他為冠軍侯。這冠軍侯一封，對我們倒是大有好處。」

伊稚斜單于手一揮，說道：「封為冠軍侯是劉徹的事，對我們會有什麼好處？」

趙信嘴角浮笑，說道：「一旦我們擊敗霍去病，漢軍就會發現，他們的冠軍侯也不過如此。這不正好是對漢軍的重大打擊嗎？」

伊稚斜單于聞言，不禁哈哈大笑，說道：「自次王所言果然有理。那我們就先歸漠北，待明年將漢軍誘入。我若生擒衛青、霍去病，非五馬分屍，替我叔父和籍若侯報仇不可！」

趙信頗有把握地說：「臣在長安，還有心腹，隨時會有消息過來。我們只要能隨時掌握漢軍動態，何愁不能生擒衛青與霍去病？」

伊稚斜單于看著趙信，忽然仰頭大笑，得意非凡，說道：「自次王果然是上天派來助我滅漢之人啊！」

三

元狩二年（前一二一年）春天來臨之際，趙信在長安的心腹果然傳來密報，劉徹調兵遣將，意圖主動北征，但大將軍衛青臥床不起，無法統軍掛帥，然而集中的兵力卻並未解散。

趙信聞報，立刻報與伊稚斜單于。

伊稚斜單于哈哈大笑，說道：「衛青病倒，我看漢朝已無人可派，不如我們統軍南下？」

趙信搖了搖頭，說道：「沒這個必要，我們目前雖然休養了一年，但軍力還需繼續蓄養。劉徹既有北征之意，且軍力未散，足見漢朝並未取消原來的計畫。若劉徹改派他人，我們正好可誘漢軍深入，一鼓而殲。漢軍主力既失，就算衛青再會用兵，也是無計可施了！」

伊稚斜單于聽罷，點頭說道：「自次王可再派人打探，看漢軍有何動靜。」

趙信答道：「臣即刻派人打探劉徹下一步如何行動。我們不妨先行設伏，等漢軍過來。」

伊稚斜單于說：「草原廣大，依自次王之見，該在何處設伏？」

趙信攤開地形圖，手指黃河東北，說道：「衛青最熟悉之途，莫過於從定襄出擊，我們不妨將埋伏圈設在定襄北面的陰山之後。衛青病重，無法帶軍，我推測接替他的，不外乎李廣、公孫敖、公孫賀之流。他們若是出兵，也必選定襄為出關之地。」

伊稚斜單于緩緩點頭，說道：「好！就依自次王之見，立刻傳令，集中兵力，往陰山設伏！」

四

此前，在劉徹眼中，除衛青之外，最受器重的便是李廣、公孫敖、公孫賀等人，但此刻，他手上已多了一個脫穎而出的冠軍侯霍去病。

詔令頒下，年僅二十歲的霍去病為全軍主帥，北擊匈奴。

這實在出乎伊稚斜單于的預料，大漢群臣也沒料到，在他們眼裡，霍去病實在是太年輕了。

二十歲，能夠擔起全軍的統領之責嗎？

但他們都忽略了，從衛青開始，武帝用人，便慣於劍走偏鋒，出其不意。

霍去病記得清清楚楚，一年前，武帝在御前軍事會上，有過「兵發焉支山」之言。

這一年，他一直在深研兵法，慢慢領會到武帝兵發焉支山之深意，乃是為打通西域，壓縮匈奴的空間，使其陷入首尾難顧的戰略態勢。

第一次為全軍之首，霍去病豪情勃發。他放出風聲，稱此次將兵出定襄，然而在率部離開長安之後，他果斷下令，全軍加速直奔隴西。

剛出隴西，霍去病第二道軍令又來，留下輜重，萬騎漢軍全部輕裝上陣，目標鎖定為匈奴左腹深處的焉支山。

兵貴神速。怎樣閃電突襲，是霍去病日日夜夜反覆思考的問題。

軍情一目了然，焉支山前，乃匈奴折蘭王與盧胡王的所在，山後，是重兵在握的渾邪王與休屠王。

焉支山坐落在河西走廊的峰腰地帶，自古便有「甘涼咽喉」之稱，距長安兩千多里。

霍去病已經預感到，這將是一場長途奔襲的戰役。

不僅是閃擊戰，更是大規模的迂迴運動戰，若非不世出的天才，絕對無法將二者結合。

霍去病下達軍令，出隴西的萬騎勢若狂風，直撲焉支山。

當匈奴折蘭王與盧胡王聞得漢軍襲來的消息時，霍去病兵鋒已越過了烏盭山，擊潰了匈奴遬濮部，並渡過了狐奴河，以迅雷不及掩耳之勢，穿過了匈奴五個王國，一路勢如破竹，希望能捕獲單于之子。

深入敵後腹地，霍去病並不減速休整，一直越過焉支山千餘里，迎戰駐紮在皋蘭山下的折蘭王與盧胡王。

二王手下將士早被霍去病勢如破竹的氣勢驚駭得軍心大亂。當漢軍萬騎激起的風沙狂舞而來，以強悍著稱的匈奴人竟然連握刀的手都控制不住地顫抖。

折蘭王與盧胡王合軍雖達數萬，卻在彼此的眼神中，看到了相同的膽怯。

但霍去病大軍的馬蹄已不容許他們退卻。

與匈奴交手以來，漢軍從未像現在這樣信心百倍，奮不顧身。主帥的勇氣，激勵著每一個將士。

漢軍如猛虎般切入敵陣中，與匈奴戰士短兵相接。匈奴人鬥志不高，逐漸處於劣勢。

折蘭王與盧胡王有意遁逃，霍去病已驟馬如電，厲聲大喝，當場將二王斬於馬下。其餘匈奴軍士心膽俱裂，四散而逃。

五

戰後，霍去病命人統計戰果，此戰斬首三千多匈奴精銳。

「三千？遠遠不夠！」霍去病對身邊將校說道：「匈奴渾邪王與休屠王號稱十萬鐵騎，諸將隨我，滅了他們的威風！」

「喏！」十餘名將校齊聲回答。

當夜，霍去病已從俘虜口中得知匈奴渾邪王和休屠王的具體位置。

第二天天色未亮，霍去病大軍已起。他知部下疲憊，但他不想給匈奴人以喘息之機。他果斷下令，避開渾邪王和休屠王的正面精銳部隊。大軍疾馳，直撲渾邪王與休屠王的部族所在。

當漢軍如神兵天將般出現在二王的部族領地時，勝負已沒有了懸念。

渾邪王的兒子，匈奴的相國、都尉以及休屠王的祭天金人，都成了霍去病的報功之物。

此戰斬獲的匈奴首級，達到了前所未有的八千九百餘級。

河西首戰結束了，僅僅六天。這是不可思議的速度。

霍去病不負「冠軍侯」之名，全甲還朝。

勝利的喜悅蔓延到國家的每一個角落，再也沒有人懷疑霍去病的能力了。

武帝大喜，當廷下詔，加封霍去病二千戶。在他眼裡，徹底擊潰匈奴，已是指日可待。

祁連悲歌

一

霍去病回朝後，興匆匆地去看舅舅衛青。

衛青仍是病榻纏綿，幸賴妻子平陽公主悉心照拂，略有好轉。

霍去病在軍中寡言少語，一是行軍速度太快，二是不願讓他人干擾自己的心神。見到舅舅，他難掩興奮，將這六日戰事詳細地說了一遍。衛青十分欣慰，在漢朝諸將眼中極為強悍的匈奴，竟然在面對霍去病時，如枯木朽株，不堪一擊。

「回去做好準備，第二戰很快要來。」衛青面色凝重地說。

霍去病一愣，說道：「匈奴如此慘敗，難道他們還敢犯境？」

「不是他們，是陛下。主動權已在我方，戰機稍縱即逝，趕緊回去準備。」

霍去病這才明白過來，點頭道：「去病只盼舅舅早日恢復健康，我們同掃匈奴！」

衛青面露微笑，說：「一定會的！」

二

兩個月後，武帝果然下旨，全軍休養已畢，是再次出征的時候了。

霍去病不由對舅舅更為敬佩。

此次出征，武帝調集了數萬騎兵。主將名為霍去病與合騎侯公孫敖兩人，但誰都知道，真正的發令者，只可能是如日中天的冠軍侯霍去病。

二人從北地郡出兵，再次深入匈奴腹地，志在掃平河西。為配合霍去病主力，武帝還調遣了博望侯張騫與郎中令李廣，率一萬四千精騎從右北平（今遼寧凌源）出塞。他們的主要任務是牽制匈奴左賢王部，確保霍去病西征取得全勝。

大漢能否獲得甘涼要衝的最終控制權，打通西域之路，在此一役。

此次出征，霍去病率軍正巧路過河東郡，他的生父霍仲孺此時正在河東郡平陽縣，霍去病知曉後，心中已有決定，是時候給自己和生父一個交代了。

霍去病只帶幾名親兵進入平陽縣城。

平陽縣民眾得知威名赫赫的冠軍侯霍去病來了，紛紛扶老攜幼，想一睹冠軍侯丰姿。一個七八歲的孩子忽然擠到霍去病馬前，抬頭說道：「你就是冠軍侯霍去病？」

霍去病低頭一看，見眼前的孩子眉清目秀，惹人喜愛，便微笑道：「我就是霍去病，你是誰？」

那孩子說道：「你姓霍，我也姓霍。」

霍去病不由一愣，隨即問道：「你叫什麼？你父親呢？」

那孩子大聲說道：「我叫霍光，我爹爹叫霍仲孺。」

霍仲孺自然知道，早已名震天下的冠軍侯霍去病是自己兒子，但他哪裡敢說？二十年前，自己與衛少兒母子分開。數年後，遵母命娶親，直到八年前才又生得一子，取名霍光。他一直死死保守著這個祕密，生怕出言不慎，惹來大禍。

當聽說冠軍侯霍去病將至平陽時，霍仲孺十分忐忑。他在家中來回踱步，忽聽得霍光在外面喊：「爹！冠軍侯來我們家了！」

霍仲孺驚得渾身一抖，再也邁不開腳步。

霍仲孺只覺大禍臨頭，不覺跪下，顫聲說道：「小民恭迎冠軍侯！」

霍去病立刻下馬，也當即跪下，聲音顫抖：「你，你就是我爹，爹快請起，受孩兒一拜！」

旁邊的軍士震驚地對視一眼，即刻將霍仲孺扶起。

霍去病在父親面前，恭恭敬敬地拜了三拜，才起身站立。

霍仲孺終於明白，霍去病竟然是來認父的，他不禁激動落淚。

霍去病也禁不住眼眶發熱。他左右張望，見父親家裡甚為簡陋，當即轉身對軍士說道：「你們即刻去買田宅奴婢，好好安置我父。」

霍仲孺轉身入內，手拿一柄小木劍出來，顫聲說道：「冠……冠軍侯，你看，這把木劍，還是大將軍二十年前為你所削，我……一直留著，我……無日不想你啊。」說到這裡，老淚縱橫。霍去病聽母親說過這把木劍，沒想到父親保存至今，他伸手接過，眼淚奪眶而出。

這把木劍已讓他知道，父親從未真正地拋棄過自己！

霍去病料理完生父家中事後，再無掛礙，即刻踏上征程。他與公孫敖仔細謀劃。霍去病提議，兵分兩路，擾亂匈奴防線，在居延澤處合兵，同赴祁連。

公孫敖點頭道：「如此甚好，你我分兵，匈奴也得分兵，互相呼應，可拉開匈奴防線。」

策略已定，兩人各自率部出發。

沒想到的是，霍去病率部急行兩千里後，竟再也得不到公孫敖的任何消息。

此刻他手上只剩一半軍力，他抬眼看向身後這些隨自己踏過焉支山的血性男兒，慨然說道：「合騎侯已聯繫不上，我們要麼收兵，要麼孤軍深入。收兵無功，孤軍是險，該當如何？」

此刻他看似在問，其實心中已早有決定。

果然，霍去病也不等有人回答，雙目炯炯，鏗然的說道：「大漢男兒，豈可逢難而退！」

部將趙破奴、高不識、僕多等人奮然說道：「我等絕不後退！誓隨將軍！馬踏祁連！」

數萬鐵騎同聲吶喊：「誓隨將軍！馬踏祁連！」

霍去病拔出腰間寶劍，抬手劃道弧線，劍尖直指北方，厲聲喝道：「即刻出發！」

大軍馬蹄一動，霍去病便感覺渾身血液在飛速奔流。

霍去病左手扣轠，右手長劍直指前方，一直高喊「隨我來」。

這三字傳揚開去，他身後的千軍萬馬都感到一種凝聚在一起的激情。

戰爭中，勝負的天平永遠只向士氣更旺盛的一方傾斜。

狂風一般的大漢鐵騎在霍去病帶領下，越過居延澤，穿過小月氏，整個西部草原在霍去病大軍的馬蹄下震動。

終於，綿延峭拔的祁連山如夢境般在眼前出現了。

時方夏日，祁連山群峰仍是白雪皚皚，直入蒼穹，抬頭遙望，令人目眩神迷。自大漢開國以來，還是第一次，祁連山脈在大漢軍騎面前展開了它亙古不變的壯麗英姿。

三

沿著山麓，數萬騎匈奴軍隊擺開了陣勢。

霍去病心頭熱血澎湃，陣勢列畢後，大喊一聲：「先破匈奴，再洗征衣！」只見霍去病揮劍直進，他身後的大漢軍騎也奮勇爭先，吶喊聲波翻浪湧般撲向匈奴陣營。

對匈奴人來說，祁連山是他們世世代代繁衍生息之地，從未想過漢軍會兵鋒至此。在他們眼裡，從來只有漢軍防守，只有他們能殺入大漢疆土，如今自己也嘗到了戰爭的苦果。

這裡的匈奴將士有不少參與過焉支山之戰，早已領教了霍去病的犀利劍鋒。此刻見霍去病縱馬衝陣，不由心頭震恐，但又不得不上前迎戰。

這是載入史冊的一戰。

雙方的嘶吼吶喊，刀光劍影，瀰漫了整個山麓。

祁連山的山峰震顫，雪如春潮，轟隆而下。

霍去病、趙破奴、高不識、僕多等漢軍將領，將自己的名字永遠刻在了祁連山的石頭之上。

大漢軍騎孤軍深入，沒有支援。但在霍去病身先士卒的衝鋒下，大漢全軍氣衝霄漢，個個以一當十，匈奴兵多無勇將，兼之元氣未復，再次兵敗如山倒。再也無心戀戰的匈奴單桓王、酋涂王率眾投降。

此役漢軍共殺敵三萬二百人。

霍去病血滿征衣，手中長劍，傲然指向祁連最高之峰！「冠軍侯！冠軍侯！」勝利的大漢將士忍不住齊聲吶喊。千百年後，祁連山的峰谷似乎還迴盪著當年浩大聲勢的不絕迴響！

此戰之後，河西大局已定，霍去病軍旗所向，令曾經不可一世的匈奴人聞風喪膽！令霍去病名垂青史的祁連山一役，不僅為大漢收復了軍事價值無二的河西走廊，更打破了匈奴人的心理防線。在此處世居的匈奴人，只剩下翻越祁連山引馬北去的唯一出路，離開了他們賴以生存的草原。

在祁連山下，匈奴人留下了一支令人聞之心酸的悲歌：

亡我祁連山，使我六畜不蕃息！
失我焉支山，使我婦女無顏色！

歌聲的淒切反映了漢匈之間攻守關係的轉變。這是在霍去病手上完成的巨大轉折。武帝增封再勝還朝的霍去病五千戶，其部將趙破奴被賜封為從票侯，高不識為宜冠侯，僕多為煇渠侯。

黃河受降

一

失去祁連山，令伊稚斜單于不可忍受。他勃然大怒，召駐紮於此的渾邪王和休屠王前來，想要誅殺他們。

渾邪王數次敗於漢軍之手，河西走廊的匈奴兵力盡失，除投降和被俘者外，疆場陣亡的超過四萬精銳。渾邪王與休屠王早惶惶不可終日，此刻見伊稚斜單于相召，二人趕緊商議。

渾邪王對休屠王說道：「單于心狠手辣，只聽趙信之言，說什麼誘漢軍深入，設伏圍殲，卻不增援河西，如今只知降罪你我，咱們若是前去，只怕凶多吉少。」

休屠王點頭說道：「不錯，河西走廊原本是單于心中重中之重，如今我們兵敗，往見單于，真不知會給我們何種罪名。」

二人不知如何是好。單于命不可不遵；可遵命前去，只怕性命難保。

休屠王端起酒一飲而盡，恨恨說道：「我們縱橫半世，沒想到會敗於乳臭未乾的霍去病之手！」

渾邪王來回踱步，突生一計，他對休屠王說道：「再戰是死，見單于也是死，不如乾脆降漢，你看如何？」

休屠王嚇了一跳，過半晌才說：「投降漢朝？」

渾邪王緩緩點頭，說：「我們精銳盡失，剩餘兵力雖有數萬，卻是非殘即弱，不可能指望收復河西。難道真要等單于的刀架上我們脖子後，再去後悔不成？」

休屠王雖知伊稚斜單于不會輕饒自己，卻從未有過投降之念，此刻聽渾邪王說出「降漢」二字，真還接受不了。在他眼裡，漢朝是匈奴不共戴天之敵，如何能棄戈投降？

渾邪王見休屠王拿不定主意，又繼續說：「兩個月前，霍去病擒去我兒，聞得漢朝也沒有為難他，可見劉徹不會對我們趕盡殺絕。如果我們此刻投降，還可保住榮華富貴，若是漢軍再來，我們非死在霍去病手上不可！去見單于，也十有八九保不住腦袋。除了降漢，我們根本沒有其他路可走。」

休屠王垂下頭，想了片刻，終於抬頭看著渾邪王說：「看來只能如此了。」

二

正沿黃河築城的大行李息接到渾邪王派心腹遞上的投降密報後，不敢怠慢，星夜命人將此事報與朝廷。

武帝接報，哈哈大笑。自前朝始皇統一中國以來，幾曾發生過兩位匈奴王聯袂請降之事？武帝將李息奏疏讓群臣遍閱，然後對接任丞相之位僅有數月的李蔡說道：「匈奴渾邪王與休屠王齊降大漢，實乃朝廷大喜！丞相可率百官前往受降。」

李蔡是李廣堂弟，曾在元朔五年（前一二四年）以輕車將軍身份隨衛青擊敗匈奴右賢王。因戰功顯赫，被漢武帝封為樂安侯。當公孫弘於元狩二年（前一二一年）三月卒於任上後，李蔡從御史大夫升為丞相。

李蔡奏道：「陛下，臣與匈奴多次交手，知對方詭計多端。渾邪王與休屠王地位之尊，僅次於匈奴左右賢王，素來心狠手辣，雖有幾敗，但仍有控弦之士數萬，如今投降不知是真是假。我們貿然前去，若匈奴懷有襲邊之策，恐怕眾官難逃，還請陛下明察。」

群臣聽李蔡之言，不由相互交耳，覺得他說得有道理。

武帝也眉頭微皺，點頭道：「那依丞相之見，該當如何？」

李蔡繼續說道：「陛下，如今朝中，唯大將軍與冠軍侯之名令匈奴人聞風喪膽。今大將軍臥病，不宜前往。臣以為，受降之事，不妨命冠軍侯率部相迎。一者，匈奴二王若是真降，冠軍侯可順利接降，再立新功；二者，若匈奴投降是假，襲邊是真，臣料冠軍侯也足以應付。」

武帝緩緩點頭，還未開口，霍去病已跨步出班，拱手道：「陛下，臣請旨前往！」

武帝一拍御案，說道：「好！朕命你率精騎一萬，前往黃河受降！匈奴多詐，冠軍侯可見機行事。」

「臣遵旨！」霍去病抱拳領命。

三

九月的黃河，遠遠望去，無邊無際。到河邊之人，無不心生蒼涼曠遠之感。

李息將霍去病迎進府邸，告訴他渾邪王與休屠王已率軍在黃河對岸五十里外安營紮寨，專候大漢朝廷消息。

和李蔡一樣，李息也擔心匈奴意在襲邊，囑咐霍去病小心行事。

霍去病說：「不管他降漢是真是假，我今日便要渡過黃河，請大行備好船隻。」

李息知霍去病勇武無雙，作戰風格素來一往無前，也不多勸。船隻早已備好，霍去病一聲令下，漢軍渡過黃河。

在背河十里之地，霍去病列開陣勢，命人前往匈奴營寨通報。

渾邪王與休屠王此刻已合兵，尚有五萬之眾。

匈奴大營分紮兩座，左營駐休屠王，右營駐渾邪王。

聽到霍去病渡河而來，二王都走出營寨，登營前土山遠望。

只見霍去病一萬軍騎陣勢齊整，軍旗飛揚。

渾邪王這時長出一口氣，說道：「終於等到漢軍前來，我們不必擔心單于會派兵來攻了。」

休屠王不動聲色，仔細觀察很久，才轉頭對渾邪王說道：「我看得清楚，大漢來受降的只有一萬人馬，我們手下尚有五萬人馬，不如我們將那一萬漢軍擊潰，既可免遭投降之辱，又可在單于前報功。渾邪王以為如何？」

渾邪王嚇了一跳，雙眼圓睜，望著休屠王說道：「我們不是來投降的嗎？怎麼又要去襲擊？」

休屠王冷冷一笑，說道：「我左思右想，我們與漢朝素來為敵。若真降了劉徹，也不會得到什麼好處。再說，我們就是敗在霍去病手下，如今他只帶萬人前來，並無援軍，真是天賜良機。待我們取了霍去病首級，單于定將賞賜，到時再揮師河西，一戰便可把失地奪回。」

渾邪王臉露驚喜，說道：「休屠王說得不錯，我們即刻回營，五萬打一萬，還怕打不過？」

休屠王哈哈大笑，轉身便下土山。

渾邪王在其身後，驀然拔出腰間佩刀。休屠王似有察覺，剛一回頭，渾邪王已橫刀揮過，只聽「咔嚓」一聲，休屠王人頭落地。

休屠王的兩員副將大驚失色。兩人剛剛將手伸到刀柄，渾邪王及其手下已用長刀制住二人。

渾邪王雙眼圓睜說道：「休怪本王！休屠王真是不自量力，如今我們合兵雖有五萬，卻多是病殘之部。你們也看見了，漢軍首領乃霍去病，他與我們交鋒時，哪一次不是以少勝多？現在要聽信休屠王的，個個都得死！」

兩員副將臉色發白，不知如何回答。

渾邪王又說道：「休屠王已死，你們即刻回營，召集軍士，隨我一同出降。」

那兩人互望一眼，點頭應命。

四

霍去病率軍在河邊列陣，就等渾邪王和休屠王率部過來投降。

他遠遠望去，隱見對方左邊營寨漸起騷亂。

霍去病當機立斷，厲聲喝道：「匈奴人可能臨陣變卦，隨我衝過去！」說罷，他手中長劍一舉，提韁縱馬，率先衝出。一萬軍騎搖旗吶喊，直撲匈奴左邊陣營。

原來休屠王那兩員副將回營之後，將情況告知部眾，欲煽動生事。匈奴士兵多剽悍之徒，對投降之舉，多不認可，只是自己首領要降，不得已只能跟隨。此刻聽聞休屠王被渾邪王斬首，不由個個大怒，當下在那兩員副將指揮之下，提刀取弓，上馬欲戰。

殺氣在休屠王營中瀰漫。

渾邪王如何不知左營中的亂象？他雖殺了休屠王，但並不想攻擊他的部下。正慌亂間，聽得四十里外，馬蹄如雷，殺聲一片，扭頭看去，只見霍去病一馬當先衝來，其身後漢騎個個驍勇，令人望之膽寒，忙不迭命右營豎起降旗。

霍去病橫刀躍馬，直撲休屠王左營，那兩員起事副將哪裡有招架之力？剛一交鋒，便被霍去病斬於馬下。休屠王部下頓時大亂，四散而逃。漢軍所向披靡，半個時辰不到，休屠王部下大半被漢軍陣斬。

渾邪王在旁，眼見霍去病縱馬如飛，威風凜凜，往來殺人，直如獵兔，心想便是這五萬人同時造反，又豈是霍去病之敵？其部下也有一些勇士騎馬衝出，都轉眼間被斬落馬下。

又是八千顆匈奴頭顱在沙場上堆積。

霍去病披風飛揚，勒馬喝道：「還有哪個不服？可出來試我大漢刀鋒！」

休屠王部下的殘餘老弱哪裡還敢反叛？盡皆卸甲投降。

見降者盡伏，霍去病策馬走到渾邪王面前，大聲說道：「你今日來降，乃識時務之舉。我奉大漢天子之命，前來受降，你的剩餘之眾，都隨我渡河。你乃王爺，我會單獨遣你去見天子！」

渾邪王彎腰獻上腰刀，說道：「今日親見將軍威儀，小王心折。」心中想，如果聽信休屠王之言，別說自己會命喪當場，在漢朝當俘虜的兒子也免不了引頸之災，幸好殺了休屠王，自己和兒子的命，算是保住了。

抬頭再看橫刀立馬的霍去病，披風飛揚，氣概非常，如天人一般。渾邪王不覺長歎一聲，心中明白，伊稚斜單于等人再驍勇，也絕非霍去病對手。匈奴人想染指中原的夢，怕是做到頭了。

封狼居胥

一

伊稚斜單于雖吃了幾場敗仗，卻自恃現有趙信出謀劃策，不難恢復祖上的威風。而如今大漢已盡得渾邪王之地，隴西、北地、上郡三地都不再有匈奴騷擾。

武帝頒下聖旨，將降漢的渾邪王封為漯陰侯，並將其隨屬部眾徙往邊境故塞，列為帝國的五個屬國，又將三郡戍卒減少一半，以寬天下之徭。徭多則民苦，孟子的「民為貴，社稷次之，君為輕」主張，未必是武帝心中所想，但減輕徭役，終究是得民心之事。

國家版圖現已擴張到祁連山下，西域之途已被徹底打通。

如今伊稚斜單于無力南征，武帝便有時間休養士卒，增強國力。匈奴人雖連遭敗績，然其騎兵還是不可小視。只有取得騎兵優勢，才能保證萬無一失。

從破襲龍城至今，經過衛青、霍去病八年間的連番出擊，戰略主動權已牢牢掌控在武帝手中。漢軍威名達到頂點，尤其渾邪王降漢之後，匈奴上下震動，先後竟有三十二王降漢。

武帝知道，漢匈之間，如今只剩一場決戰，但要等大將軍衛青病體痊癒。時間選定了，在兩年後的春夏之際。

兩年間，大漢完成了戰前的準備工作。

武帝一朝，終於迎來了兵勢最為強盛的一刻。

二

元狩四年（前一一九年）春天，衛青與霍去病於朝中受命，各率五萬騎兵同時北征。作為後應的步兵也達數十萬之多。

志在平虜的武帝知道，與匈奴之戰，是到放手一搏的時候了。方向選定，衛青出定襄，霍去病出代郡。

三朝老將李廣豪情不滅，主動請纓，要求隨軍出戰。李廣在文帝時便披甲抗匈，至今未得封侯。年過六旬，大概也是他最後一次率部出征了。武帝沉思良久，終於點頭答應，封李廣為前將軍，同時命太僕公孫賀為左將軍，主爵都尉趙食其為右將軍，平陽侯曹襄為後將軍。四位將軍均屬衛青調度。他們從定襄出兵，有可能遭遇伊稚斜單于親率的大軍，這將是一場難以想像的惡戰。

出代郡的霍去病只要李廣之子李敢為自己的副將。

武帝終究不放心，問：「冠軍侯還需何人為輔？朕允你親點。」

霍去病雙手抱拳，昂聲說道：「臣只需李敢為副，其他人等，可至右北平時讓太守路博德率部跟隨。」

武帝還是覺得甚少，他望向自己的武將們，問道：「還有何人願隨冠軍侯出征？」

從票侯趙破奴朗聲回答：「臣願隨冠軍侯北征！」

霍去病見趙破奴請奏，極為高興。兩年前的祁連山一戰，趙破奴便是自己麾下，他斬匈奴遬濮王，擒稽且王，勇武非常，如今再一起出征，自能得心應手。

三

在高高的檢閱台上，衛青和霍去病並肩站立，望著台下十萬軍騎擎旗揚戈，鐵甲耀眼，陣容如巨大的洪流緩緩流過。二人不禁對望一眼。

「冠軍侯此去，必能凱旋！」

「大將軍也必凱旋！」

他們之間，無須多言，一個眼神、一個手勢，都能讀懂彼此的心意。

「凱旋之後，痛飲長安！」

「凱旋之後，大漢無患！」

一軍士走上高台，在衛青和霍去病身前單膝跪下。

他舉起一個托盤，上面是武帝親賜的兩杯出征御酒。

衛青、霍去病二人同時端起：

「請！」

「請！」

四

大漢軍馬一動，伊稚斜單于已得密探告知。他立即召集文武，商議對策。

趙信說：「劉徹兩路大軍齊發，我們收拾他的時候到了。不妨按原計畫行事，引漢軍深入，一鼓而下！」

伊稚斜單于緩緩點頭，說道：「衛青與霍去病都來了，我要他們今日有來無回！傳我命令，大軍於漠北設伏佈陣，一定要讓他們命喪於此！」說罷，伊稚斜單于說：「霍去病奪我祁連，實在可恨！我親自迎戰霍去病！」

趙信搖頭說道：「霍去病一勇之夫，殊不足慮，衛青才是我們真正的心腹勁敵。依臣之見，還是單于在漠北親迎衛青，至於霍去病，讓左賢王九萬鐵騎應付足矣。」

伊稚斜單于同意了。

趙信又道：「這一戰我們若得勝，漢朝的十萬軍士將全部覆沒，漢朝江山將唾手可得啊！」

伊稚斜單于禁不住仰頭大笑，隨即，他望著帳前十餘名驍將，突然喝道：「章渠，你過來！」

虎背熊腰的章渠道：「在！」

伊稚斜單于下令：「我命你速帶本部人馬，傳令左賢王，迎擊霍去病，提頭報功！」

章渠傲然說道：「我做左賢王前部先鋒，當生擒霍去病！」

伊稚斜單于手一揮：「快去！」

隨後，伊稚斜單于將其餘將領各自派遣，盡起精銳，往漠北埋伏。

五

霍去病出代郡之後，一聲令下，大軍果如狂風，一路撲向北方。

右北平太守路博德早在城內待軍。他素聞霍去病軍騎如風，還是沒料到五萬人馬會以如此快的速度抵達。霍去病並不歇息，軍令閃電般傳下，路博德率部隨軍，即刻北上。

茫茫沙漠，一望無垠。五萬軍騎萬眾一心，在沙漠上激起漫天風沙。大漠顫抖，如迎來黑色颶風。這股颶風一刻不停，向西北方向呼嘯而過。

在伊稚斜單于帳前請命為左賢王先鋒的章渠，連陣勢還來不及佈下，就被霍去病風馳電掣般的行軍速度震驚得手足失措，哪裡還記得自己在伊稚斜單于面前誇下的海口？硬著頭皮剛一出戰，陣營便被霍去病摧枯拉朽般擊破，自己也一戰被擒。從戰場上死裡逃生的士兵們瘋狂策馬，將軍情告知左賢王。

左賢王聞訊大驚，倉促間召集兵力。他認為自己所轄地域在沙漠之後，漢軍無論如何無法越過。

關於霍去病的行軍速度，左賢王總以為是一個被誇大的神話，如今閃電破襲，左賢王才知百聞不如一見。所有匈奴將士都只覺撲來的漢軍如離弦之箭，個個驚得面如土色。

左賢王命手下的屯頭王和韓王出戰，霍去病麾下的李敢、趙破奴、路博德等人也在霍去病的氣概鼓舞之下，齊聲吶喊，躍馬衝陣。漢軍勢若蛟龍，氣如長虹，轉眼之間，屯頭王和韓王都被生擒於馬下。

左賢王見勢不好，撥轉馬頭，往後便逃。

大漢將士吶喊如雷，縱橫馳騁，過不多時，匈奴屍首已是堆積如山。

霍去病遠望左賢王奔逃方向，厲聲喝道：「擊潰匈奴，在此一役！」數萬鐵騎殺聲震天，只見軍旗前傾，馬蹄狂亂，大漢騎兵朝左賢王奔逃的方向緊緊追去。

左賢王奔至離侯山，不敢停留，霍去病大軍翻山，再次斬將。

左賢王奔至弓閭河，無從閃躲，霍去病大軍渡河，連續奪旗。

終於，霍去病因挺進太快，馬匹漸乏，最終未能追上落荒而逃的左賢王。

霍去病安營歇馬，眾將報上戰果。此次出征至此，已有匈奴王、將軍、相國、當戶、都尉等八十三人被生擒，被斬殺的匈奴精銳達到前所未有的七萬零四百四十三級！

六

夜幕來臨了。以往只有風嗚的大漠，響起了大漢軍旗的獵獵聲，刀甲碰撞的鏗鏘聲。漢軍篝火連營，萬馬長嘶。霍去病手指遠處一座高山問道：「那是何山？」

身為俘虜的匈奴屯頭王膽戰心驚地回答：「那是狼居胥山。」

霍去病傲然抬頭，說道：「我大漢天威到此，霍去病今日要在狼居胥山上舉行祭天封禮！」

霍去病喝道：「眾將隨我前往！」隨即鞭馬朝狼居胥山奔去。李敢、趙破奴、路博德等人緊隨其後。

霍去病縱馬來到山下，眾將隨霍去病齊齊下馬。

狂風已過，風沙漸息，霍去病命人在山上搭建祭壇，而後登壇祭天。

霍去病將披風朝後一擺，彎腰從地上抓起一把沙子，雙足立定，揚聲說道：「今大漢霍去病在此增土封山，記功績於此！」

身後眾將齊聲高呼：「冠軍侯封狼居胥，彪炳千秋！」

霍去病抬頭說道：「封山已畢，待我山頭祭天！」

只見他奮身上馬，提韁一催，青驄馬邁開四蹄，直往山頭奔去。

夜色更濃，寒風更凜，霍去病在山頭遠望大漠長空。人在山巔，似乎山在拜服。

此時此刻，是霍去病的人生巔峰。他驀然勒緊轠繩，青驄馬前蹄高高抬起，一陣天地間的馬嘶人嘯，穿雲入霄！

李敢之死

一

封山祭天之後，霍去病再往西邊的姑衍山祭地。而後大軍拔營起寨，奏凱回軍。

這場奔襲數千里的勝利，激勵著大漢每一位將士。

大軍緩緩班師，一路不斷接到衛青的勝利消息。

衛青果然是與伊稚斜單于正面交鋒，一戰擊潰對方後，大漢軍騎也追擊殘兵到了距長安數千里外的窴顏山下。

霍去病聞報，極為振奮，回望大軍，高聲說道：「今日之後，我大漢之北，再無匈奴侵擾！」

大軍聞得喜訊，盡皆狂呼。

再過幾日，右北平已經在望。路博德早命人先行開城迎候，大軍終於一洗征塵。

當日路博德大開筵席，為漢軍慶功。

眾將心中，俱被興奮豪情充滿，時而有人慷慨高歌，時而有人舞劍助興，正酒酣耳熱之際，門外忽然跑進一軍士，眼中盈淚，哀傷不已。他一進來就單膝跪地，望著端坐首席的霍去病拱手說道：「報將軍……」一語未畢，淚水再也忍不住，撲簌簌滾下。

霍去病放下酒杯，眉頭微皺，問道：「何事驚慌？」

那軍士抬頭擦淚，啞聲說道：「李廣將軍……自刎而亡了！」

霍去病猛然起身，厲聲喝道：「此事當真？」

旁邊的李廣幼子李敢，陡聞父親自刎，手中酒杯「哐啷」一聲掉在地上，他躍身而出，走到那軍士面前，雙眼瞪圓，抓住對方衣襟，說道：「你……你說什麼？」

所有將領都被震驚了。

在衛青、霍去病崛起之前，李廣實為漢軍靈魂人物，在文帝時便披甲抗匈，景帝時揚威於「七國之亂」的疆場，與匈奴前後交鋒七十餘次。他愛兵如子，深孚眾望，匈奴人懼其勇猛，稱其為「飛將軍」。只是他時乖命蹇，始終未取得一場大捷，以至於六十歲仍未封侯。

只聽那軍士說道：「大將軍命前將軍與右將軍東往，包抄匈奴殘部，不料兩位將軍迷失道路，未能越過沙漠，大將軍回師之後，命前將軍幕府對簿，沒想到他竟然……」此時，那軍士已泣不成聲。

李敢聞言，忍不住放聲大哭。一眾將領，都是縱橫疆場、臨危不懼之人，此刻聞得李廣噩耗，竟是人人落淚。

二

漠北一戰之後，匈奴遠遁，漠南無王庭。霍去病增封五千八百戶，其餘將士均論功行賞。

儘管勝利果實是霍去病與衛青聯手摘取，然而，霍去病封狼居胥，威風無二，衛青親戰伊稚斜單于，卻讓伊稚斜單于在眼皮底下溜走，再加上李廣自剄等事，使得衛青的勝利大為減色。此後衛青的權勢日益減退。

群臣看得清清楚楚，武帝對霍去病寵遇日隆，大家不由紛紛前往霍去病處奉承，大頌讚歌，就連衛青的不少故人和門下也紛紛轉事霍去病。

衛青素來對朝廷爭鬥頗為厭倦，此時索性居府養病，不問朝政。除任安及公孫敖等舊人之外，罕有人登門。昔日車水馬龍的大將軍府外，竟冷清得門可羅雀。

不過，霍去病卻始終惦記著舅舅。

霍去病雖被群臣圍繞，他卻始終牢記，自己是舅舅一手栽培。更何況，在他心裡，舅舅乃當世無二的軍事家，自己雖立下顯赫軍功，然而對舅舅的崇敬之心卻從未減少。他還是經常前往大將軍府，與衛青談兵論道。

三

元狩五年（前一一八年）某日，霍去病登門去看望衛青。

剛到門前，就察覺大將軍府的門人面有不忿之色，一見霍去病來，趕緊彎腰，說：「將軍請進。」

過了半晌，衛青才出來。

霍去病一見舅舅，頓覺驚訝，原來他的額頂頭髮垂下。他從未見過舅舅這個樣子。

「舅舅尚在休歇？」霍去病問道。

衛青微笑道：「正在房內讀書。」

霍去病見舅舅神色明顯有所迴避，尤其那束垂到額前的頭髮古怪。他忽然起身，一步走過去，將舅舅頭髮一撥。

衛青沒料到霍去病會來此一手，閃避不及。

霍去病看得清楚，衛青額頭橫過一條傷口，血跡殷然，顯是新痕。

霍去病頓時大怒，說道：「舅舅，您額上之傷，是何人所為？這不像是您自己不慎導致的，一定是有人擊傷。舅舅告訴我，何人如此大膽？」

衛青微一擺手，說：「算了，不要問了。」

霍去病更是惱怒，說道：「舅舅，您是當朝大將軍，竟然有人膽敢對你動手？怎麼可以算了！您告訴我，到底是何人所為？」

衛青見霍去病情緒激動，輕聲歎口氣，說道：「我不會說的，今日我甚是疲倦，先去休息了。」

霍去病怒氣沖沖出來，轉念一想，又返回將衛青門前的軍士叫來。

那軍士見霍去病滿面怒容，不由惶恐。霍去病目如寒冰，冷冷說道：「大將軍額前之傷，是如何來的？」

那軍士臉色發白，訥訥道：「大將軍不許……」

霍去病已冷冷打斷：「要我再問一次嗎？」

那軍士嘴唇嚅動，終於說道：「昨日，關內侯來府……」說完這幾個字，那軍士嘴唇哆嗦，不敢說下去。

霍去病勃然大怒：「李敢？」他牙關一咬，轉身離開。

四

甘泉宮內，武帝對霍去病哈哈大笑：「大司馬，朕命你過來行獵，你怎麼把關內侯也叫上了？如此也好，你們隨朕一起獵鹿！」說罷，武帝將轡繩一提，策馬前奔。

武帝侍從紛紛鞭馬跟上。

霍去病沒有策馬，只轉過臉來，冷冷打量李敢。

李敢見霍去病臉色不善，拱手說道：「大司馬喚末將過來……」

霍去病左右一看，周圍已無他人，當下冷冷說道：「你好大的膽子！竟敢打傷大將軍！為什麼？」

李敢知道事情已無法隱瞞，眼望前方，臉上肌肉抖動，片刻後才慢慢說道：「漠北一戰，我父親自剄，大司馬是知道的。」

霍去病厲聲喝道：「你父親自剄，是他犯下軍規！身為軍人，你不知軍法嗎？」

李敢雙眼血紅，轉頭看向霍去病，說道：「我父親是被大將軍逼死的！我打聽得清清楚楚，我父親請命為先鋒，大將軍不允，才有他後來的迷路，未能如期到達戰場。」

霍去病聞言更怒，喝道：「打仗難道是兒戲？若非大將軍運籌帷幄，大漢豈有取勝之途？你父親想做先鋒，大將軍就得答應？若你父親想做全軍指揮，大將軍是不是要交出軍權？」

李敢臉色蒼白。

霍去病冷冷道：「你去追上陛下！」

李敢側頭看看霍去病，見後者臉上殺氣瀰漫。作為麾下，他太熟悉霍去病臉色的含義，頭皮一陣發涼。此刻聽他說要自己追上陛下，心想也只有陛下才能保住自己性命了。

當下撒馬狂奔。

跑得百步，李敢只覺身後殺機翻滾。他心驚膽戰地回頭一看，只見霍去病正彎弓搭箭，瞄準自己。

「將軍！」李敢才叫得一聲，霍去病已手指鬆開，那枝離弦之箭如閃電般射中李敢咽喉。李敢一頭栽到馬下。

五

武帝見霍去病和李敢沒有跟上，命一侍從回馬去召。

一會兒，那侍從驚慌失措地奔回來，跪在地上，臉色發白地說道：「陛下，陛下……」

武帝眉頭一皺，說道：「何事如此驚慌？」

那侍從說不出話來，只抬手指指後面。

武帝回身看去，只見霍去病拍馬過來。

馬背上橫臥著李敢，鮮血從喉部湧出。

武帝瞬間一驚。霍去病翻身下馬，單膝跪在武帝馬前，拱手說道：「臣射殺了關內侯，請陛下降罪！」

武帝驚訝問道：「何故殺人？」

霍去病抱拳說：「數日之前，關內侯至大將軍府，竟以下犯上，動手打傷大將軍，臣一時不忿，射殺關內侯。請陛下降罪！」

武帝更驚訝了，問：「關內侯何故打傷大將軍？」

霍去病說道：「關內侯以為他父親自刭，是大將軍所逼。」

武帝眉頭皺起，抬頭看看天空，又左右看看，說道：「大將軍出征之日，朕有手諭，不可讓李廣獨戰單于。大將軍是奉旨行事，關內侯竟如此大膽？」

霍去病說：「臣請陛下降罪！」

旁邊侍從已驚嚇得連大氣也不敢出。

武帝面無表情，沉默片刻，雙眼緊緊盯住霍去病，緩聲說道：「朕的天下，何事朕會不知？大將軍如今府上冷清，難得你不忘舅甥之情，多去看望，如今關內侯打傷大將軍，你便正好借關內侯性命告知他人，不可慢待大將軍吧。」

霍去病聞言，心內暗驚，他雖生氣李敢打傷舅舅，私下也著實有警示群僚之意。

武帝將身邊侍從掃視一眼，聲音仍是不緊不慢：「今日關內侯隨朕與大司馬狩獵，觸鹿角而亡。你們將關內侯送回侯府，安葬之費，由朝廷撥付。傳朕旨！」

霍去病見武帝如此袒護自己，心中驚訝，更有感激，叩頭謝恩。

天妒英才

一

在千軍萬馬中尚安然無恙的關內侯李敢，竟然會觸鹿角而亡，任誰也不會相信。但其死因出自皇帝之口，誰又敢去反駁？朝中自有熱中探尋真相之人，於是少不了一些李敢實死於大司馬箭下的竊竊私語。

武帝像什麼都沒發生過，群臣自然得出結論，如今的大司馬權力之盛，竟連殺朝廷命官也能得到包庇，可見武帝心中霍去病的位置之高。

霍去病位高權重，最欣喜的自然是陳掌和衛少兒了。

家中日日賓客盈門，丞相剛走，御史大夫又來，九卿大臣更是絡繹不絕。

如今匈奴遠遁，武帝的目光轉向周邊小國，伐朝鮮，討羌夷，那些揮揮手便可橫掃三軍的戰事，根本用不著霍去病與衛青出馬。衛青畢竟年長，在朝廷日久，深知伴君如伴虎的道理，索性府中深養，霍去病得武帝寵愛，兼之年輕氣盛，傲視群臣，平時多陪武帝射獵。

如今，終於四海清平。

二

元狩六年（前一一七年）九月，秋風一起，落葉紛紛，長安一夜轉寒。

武帝獵興頗濃，一日剛剛準備好打獵裝束，在宮前待發。只見常侍宦官滿頭大汗地跑來，跪下說道：「陛下，大司馬今日病重，不能應詔而來。」

武帝說：「傳朕旨意，著太醫前往診斷。」宦官起身便去少府傳喚太醫。

武帝頗為掃興，今日本想與霍去病同去獵鹿，不意霍去病染疾不能隨行。

又過一日，武帝想起霍去病，傳太醫覲見。

武帝問道：「大司馬病情如何？」

太醫回道：「陛下，臣甚感棘手。大司馬之病，頗為古怪，渾身發赤，鬚髮脫落，現臥床不起，臣已先開出藥方，但……無甚把握。」

武帝聞言一愣，說：「無甚把握？大司馬究竟是何病？」

太醫見武帝面有怒色，趕緊說：「微臣行醫以來，從未見過如此之病，現正想再去探望。」

「快去！」武帝喝道，「大司馬之病，非治好不可！」

太醫趕緊躬身退出，再往陳掌府邸。武帝眉頭皺起，終不知究竟是何狀況。

三

霍去病病情日益嚴重。太醫所開藥方，沒起任何作用。

朝臣開始議論，說大司馬霍去病病情到了誰也無法控制的地步，有人甚至提起元光五年（前一三〇年）春天，丞相田蚡離奇死亡之事。田蚡死前數日譫語連篇，只是請罪。

請來的巫師言之鑿鑿，說是看見被田蚡逼迫冤死的竇嬰和灌夫二人變鬼前來索命。難不成大司馬也是因李敢變成鬼索命？

武帝親自探望霍去病後明白，自己寵愛的霍去病已到病情危及生命的地步，於是立刻下詔，遍尋海內名醫，若治好大司馬，萬金為賞。

時間一天天過去，卻始終沒有哪位名醫前來一試身手。

宮中太醫盡出，一個個得出的結論都不相同。誰都知道，所謂治痾療疾，無非對症下藥。如今症狀駭人，症因又不明所以，辦法試盡，始終不見效果。

霍去病性情素來急躁，臥床喝了幾碗藥後，命人不許再拿藥碗進來。

衛少兒心亂如麻，親自端藥過來。霍去病此刻誰也不認，雖周身無力，卻還是抬手將衛少兒手中藥碗推到地上，眼光凌厲。

衛少兒被兒子嚇得渾身發抖，整夜難眠。

四

霍去病患病半月後，半夜房間裡突然傳出離奇恐怖之聲。

陳掌與衛少兒被驚醒。

聲音慢慢平息了，突然，又傳出霍去病一聲狂吼，緊接著便再無聲息了。

陳掌和衛少兒趕緊走出臥房。

外面，府中下人也出來不少。每個人都十分驚慌，卻無人敢去霍去病房間。

衛少兒咬咬牙，舉手推門，竟無法推開。

她感到奇怪，霍去病臥床之後，房間不可能在內門上，現在居然推不開，不由又驚又急，用力拍門，拚命喊道：「去病！去病！你開門啊！」

房內聲息全無。

陳掌靈機一動，走到窗前。窗戶倒是一推便開。往裡瞧去，陳掌嚇一大跳，只見桌椅擺設全被砸爛，門被桌子頂住。霍去病仰天倒在地上，已經沒有了呼吸。

大家這才明白，剛才那陣響聲，是霍去病臨終前與死神搏鬥時奮力砸爛房間家什所致。

五

看著跪在面前痛哭的陳掌和衛少兒，武帝震驚得說不出話來。他呆坐良久，才緩緩起身，口中喃喃說道：「朕要使冠軍侯馬踏祁連之功，永留青史！」

武帝當即傳旨，將霍去病墓址選在茂陵，徵石匠千人，以最快的速度修建大司馬的陵墓。

第二道聖旨是，令邊境五郡鐵騎，從長安列隊至茂陵墓地，全部黑衣鐵甲，白綾裹矛，齊往祭奠。

衛青率百官到得陵前，只見陵墓起伏如山——那是祁連山的模樣。

沒有什麼比祁連山更能彰顯霍去病的不朽功勳了。祁連山之戰是霍去病名垂青史的驚天之戰，正是因為此役，大漢徹底擊敗西部匈奴，打通西域。這是睥睨八方的功績，也是彪炳千秋的功績。

看到這座祁連山之狀的陵墓，眾人眼前都不禁浮現出霍去病生前橫戈躍馬的絕世英姿。

如此短暫，又如此燦爛。

武帝連頒聖旨，追封霍去病為「景桓侯」，其五歲幼兒霍嬗承接冠軍侯爵位。

霍去病的辭世，不僅令武帝痛惜，令滿朝文武痛惜，更令大漢的千萬民眾痛惜。只從年齡來看，霍去病的一生還遠遠沒有展開，根本談不上走過一生。但從他取得的蓋世之功來看，又是令人歎為觀止的一生。

霍去病生平簡表

前一四六年（漢景帝中四年）

羅馬帝國滅迦太基。

前一四一年（漢景帝後三年）

景帝卒，太子劉徹繼位，是為漢武帝。西漢王朝進入鼎盛時期。

前一四〇年（漢武帝建元元年）

武帝用建元為年號，歷史上用年號紀年始於此。

前一三九年（建元二年）

張騫第一次出使西域，至元朔三年（前一二六年）歸。

前一三三年（元光二年）

漢誘匈奴入馬邑，未果。漢絕和親，漢、匈戰事再啟。

前一四〇年（漢武帝建元元年）

霍去病出生。父，霍仲孺，母，衛少兒。

前一二九年（元光六年）

匈奴入上谷，武帝遣衛青、公孫敖、公孫賀、李廣等四將軍各將萬騎分道出擊。衛青率軍直搗匈奴龍城，取得漢朝對匈奴主動進攻的首次勝利，賜爵關內侯。餘皆失利。

前一二八年（元朔元年）

衛青出雁門戰匈奴，大勝。衛子夫生長子劉據，被封為皇后。

前一二七年（元朔二年）

匈奴入上谷、漁陽，武帝遣衛青、李息等擊之。俘獲敵人幾千名，牛羊竟達數十萬頭，驅走匈奴白羊王、樓煩王。衛青收復河南地，受封長平侯。漢設置朔方郡。

前一二四年（元朔五年）

匈奴右賢王騷擾朔方，武帝遣衛青率六將軍凡十餘萬人出擊。俘匈奴小王十餘人，俘虜男女一萬五千人，俘獲牲畜達上百萬。武帝遣使於軍中拜衛青為大將軍。

前一二三年（元朔六年）

大司農經費用竭，詔民得買爵贖罪。

前一一九年（元狩四年）

張騫再次出使西域（烏孫），至元鼎二年（前一一五）年歸，絲綢之路暢通。

前一二三年（元朔六年）

霍去病隨衛青征伐匈奴。首戰告捷，霍去病率八百騎，俘斬匈奴相國和當戶，兩千餘人，斬單于大父行籍若侯產，擒單于叔父羅姑比。受封冠軍侯。

前一二一年（元狩二年）

春，武帝命霍去病為全軍主帥，北擊匈奴。霍去病出隴西，歷匈奴五王國，轉戰六日，過焉支山，戰皋蘭山；夏，戰祁連山，收復河西走廊；秋，匈奴渾邪王投降，霍去病黃河受降。休屠王太子金日磾沒入官，輸黃門養馬。

前一一九年（元狩四年）

武帝遣衛青、霍去病各將五萬騎，分從定襄，代郡出。向漠北追擊匈奴。霍去病出塞兩千餘里，接戰匈奴左賢王，俘小王三人，將軍、相國、當戶、都尉八十三人，獲七萬四百四十三首級。封狼居胥山而還。

前一一八年（元狩五年）

霍去病於甘泉宮射殺李敢。

前一一七年（元狩六年）

霍去病病逝，葬於茂陵。武帝追賜「景桓侯」謚號。年二十三歲。

前一一一年（元鼎六年）

漢平南越，俘呂嘉等。置南海、蒼梧、鬱林、合浦、交趾、九真、日南、珠崖、儋耳等九郡。

由酒泉郡分置張掖、敦煌二郡。

前一〇九年（元封二年）

滇王降漢，賜其王印，置益州郡（治所在今雲南晉寧東）。

前一〇八年（元封三年）

將軍趙破奴率輕騎俘樓蘭王，破車師。

置樂浪、臨屯、玄菟、真番四郡。

前一〇六年（元封五年）

衛青病逝，葬於茂陵，謚曰「烈侯」。

嗨！有趣的故事

霍去病

責任編輯：苗　龍
裝幀設計：盧穎作
著　　者：胡　輝

出　　版：中華教育
香港北角英皇道 499 號北角工業大廈一樓 B
電　　話：(852) 2137 2338
傳　　真：(852) 2713 8202
電子郵件：info@chunghwabook.com.hk
網　　址：http://www.chunghwabook.com.hk

發　　行：香港聯合書刊物流有限公司
香港新界大埔汀麗路 36 號中華商務印刷大廈 3 字樓
電　　話：(852) 2150 2100
傳　　真：(852) 2407 3062
電子郵件：info@suplogistics.com.hk

版　　次：2020 年 2 月初版

規　　格：16 開（210mm×148mm）
I S B N：978-988-8674-58-9

本書繁體中文版由中華書局授權出版